BEADS TO BYTES

CANADA'S NATIONAL CURRENCY COLLECTION

SI L'ARGENT M'ÉTAIT CONTÉ

LA COLLECTION NATIONALE DE MONNAIES DU CANADA

978-0-9811235-0-9

TABLE OF CONTENTS

TABLE DES MATIÈRES

(Opposite) Yap, stone money, 19th century

Yap, located in the Pacific southwest of Guam, is famous for its large limestone disks quarried on the neighbouring island of Palau. Their value depends on workmanship, size (this specimen weighs two tons), and lives lost on the journey home. Such voyages ended at the turn of the last century. Displayed outside their owners' homes, stones are still used in exchanges between villages, and in payment for canoes, houses, and fishing rights. (1975.79.1)

Ci-contre : Île de Yap, monnaie de pierre, XIXe siècle

L'île de Yap, située dans le Pacifique, au sud-ouest de Guam, est célèbre pour ces énormes disques de calcaire extraits des carrières de l'île voisine de Palau. La valeur de ces disques est établie en fonction de la qualité de la taille, des dimensions (le spécimen reproduit ici pèse près de deux tonnes) et du nombre de vies perdues pour les ramener sur l'île. Ces expéditions ont cessé au début du siècle dernier, mais les pierres, exposées devant la demeure de leur propriétaire, servent encore aujourd'hui de monnaie d'échange entre les villages et permettent de régler l'achat d'une maison ou d'un canot ou d'acquitter des droits de pêche. (1975.79.1)

FOREWORD

Money has always been a source of endless fascination. Few can do without it, and the quest to acquire it, through both fair means and foul, has preoccupied people throughout history. It has been said that "the love of money is the root of all evil," but in reality no modern civilization could function without it. Money is the lubricant of commerce, linking buyers and sellers, borrowers and lenders.

Beads to Bytes: Canada's National Currency Collection—the fourth in a series of books about the Bank of Canada—explores money and the role it has played, and continues to play, in society, through the lens of Canada's National Currency Collection. The Collection is an extraordinary repository of coins, bank notes, and related paraphernalia from around the world. Naturally, the strength of the Collection lies in its Canadian components. Assembled initially through government acquisition of important private collections and enhanced by judicious purchases and donations, the National Currency Collection represents the finest and most complete collection of Canadian notes, coins, and tokens in the world. Examples from the Collection are showcased in the Bank of Canada's Currency Museum.

The book begins with a chapter on the definition of money, illustrated with examples from the Collection and highlighting money's various functions and the wide range of objects that have been used as money. It then focuses on the development of the Collection from its origins in the late 19th century to the present day. The mandate of the Currency Museum and its operations are also outlined. The next chapter presents important and unusual examples of coins and notes from classical to contemporary times. This is followed by a chapter devoted to money in society, with particular emphasis on inflation and monetary shortages. The impact of war on money is then explored, and this is followed by an examination of the recent introduction of

AVANT-PROPOS

L'argent! Depuis toujours, il exerce un attrait irrésistible. Rares sont ceux qui peuvent s'en passer, et son accumulation, par des moyens honnêtes ou frauduleux, reste une quête incessante de l'être humain. Si certains affirment que « l'argent est cause de tous les maux », force est d'admettre cependant que nulle civilisation moderne ne pourrait fonctionner sans lui. L'argent graisse les rouages du commerce et lie les acheteurs et les vendeurs, les emprunteurs et les prêteurs.

Quatrième titre d'une série de livres sur la banque centrale du pays, *Si l'argent m'était conté : la Collection nationale de monnaies du Canada* examine les diverses facettes de l'argent et le rôle qu'il a joué de tout temps dans la société. Par la même occasion, l'ouvrage sert de vitrine à la Collection nationale de monnaies, qui réunit un extraordinaire éventail de pièces, de billets de banque et d'articles numismatiques provenant de tous les coins du monde. On ne s'étonnera toutefois pas que la Collection se distingue au premier chef par les nombreux objets associés au Canada qui en font partie. Constituée au départ grâce à l'acquisition, par l'État, d'importantes collections privées, elle s'est enrichie à la faveur de dons et d'achats judicieux jusqu'à devenir la plus belle et la plus vaste sélection de pièces de monnaie, de billets de banque et de jetons canadiens qui soit. On peut en admirer divers spécimens au Musée de la monnaie de la Banque du Canada.

Le premier chapitre, illustré d'objets de la Collection, s'ouvre sur une définition de la monnaie et s'attarde sur les différentes fonctions que celle-ci remplit et la grande diversité des articles qui ont servi de moyen d'échange. Le livre se penche ensuite sur l'évolution de la Collection, depuis ses origines, à la fin du XIXe siècle, jusqu'à nos jours. On y aborde aussi le mandat et les activités du Musée de la monnaie. Puis sont mis en valeur des pièces de monnaie et des billets de banque importants ou uniques, de la période classique à l'époque contemporaine. Les deux chapitres

new forms of monetary instruments that challenge the traditional concept of money. The concluding chapter explores numismatics and how a new collector can take part in this "hobby of kings."

We hope that this book will introduce readers to the richness of Canada's National Currency Collection and entice them to browse the Collection, which is accessible through the Bank of Canada website, or to visit the Currency Museum located at the Bank's headquarters in Ottawa.

suivants sont consacrés, respectivement, à la place de l'argent dans la vie économique – notamment l'inflation et les pénuries de monnaie – et à l'incidence de la guerre sur la monnaie. L'avènement récent de nouvelles formes de paiement, qui redéfinissent la notion même de monnaie, fait l'objet de l'avant-dernier chapitre. L'ouvrage se termine sur la numismatique et guide les néophytes qui souhaitent s'adonner à ce « passe-temps des rois ».

Nous espérons que ce livre donnera au lecteur un avant-goût des trésors que recèle la Collection nationale de monnaies et l'incitera à la découvrir soit dans le site Web de la Banque du Canada, soit en personne, en se rendant au Musée de la monnaie au siège de la Banque, à Ottawa.

(Left) Rome, denarius, 74 BC *(1974.151.1485);*
(Right) Rome, follis, 303–10 AD *(1969.232.20)*

The word "money" comes to us from the Romans. The temple of the goddess Juno Moneta housed a mint where coins bearing her image were struck. Experts believe that the title "Moneta" is related to the Latin verb "monere," to warn, harking back to a time when the temple's geese warned of invaders.

Rome, (à gauche) denier, 74 av. J.-C. *(1974.151.1485);*
(droite) follis, 303-310 *(1969.232.20)*

L'étymologie du mot monnaie *remonte à la Rome antique. En effet, le temple de la déesse Junon Moneta abritait un atelier où l'on frappait des pièces à son effigie. Les spécialistes attribuent l'origine du surnom* Moneta *au verbe latin* monere *(« avertir ») et aux oies du temple qui, selon la légende, auraient alerté les Romains lors d'une invasion imminente.*

WHAT IS MONEY?

1

When we think of money, we typically think of bank notes and coins. But today, the bulk of money consists of deposits in financial institutions, which exist merely as signals in computer memories. As civilizations evolve, they search for more efficient means of exchange. Consequently, money has changed from objects with considerable intrinsic value to the purely symbolic, its value hinging solely on the reputation of the issuer. Virtually anything can be used as money, as long as it is relatively rare and widely accepted. It must also hold its value and be easily divisible, durable, easy to transport, and difficult to counterfeit.

Money plays three major roles in society. First, it acts as a *medium of exchange* for the purchase of goods and services. Second, money provides a *store of value* so that it can be saved and used in transactions at a later date. Third, it acts as a *unit of account,* providing a standard measure against which the value of transactions and financial accounts can be recorded.

QU'EST-CE QUE LA MONNAIE?

En général, l'idée de monnaie évoque des pièces et des billets de banque. Or, de nos jours, la monnaie existe surtout sous la forme de dépôts que détiennent les institutions financières et qui se résument en réalité à des signaux électroniques stockés dans des mémoires d'ordinateurs. À mesure qu'elles ont évolué, les différentes civilisations du monde ont cherché des moyens d'échange de plus en plus efficaces. C'est ainsi que l'on est passé d'objets dotés d'une très forte valeur intrinsèque à d'autres purement symboliques, dont la valeur repose uniquement sur la réputation de l'émetteur. À peu près n'importe quoi peut servir de monnaie d'échange pour autant que cette chose soit relativement rare et largement acceptée. Elle doit en outre pouvoir conserver sa valeur, se diviser facilement et être durable, simple à transporter et difficile à contrefaire.

La monnaie remplit trois grandes fonctions dans la société. D'abord, elle est un *instrument d'échange*, à savoir un moyen d'acheter des biens et des services. Deuxièmement, elle constitue une *réserve de valeur*, en prévision de transactions futures. Troisièmement, elle fait office d'*unité de compte*, c'est-à-dire d'étalon de mesure de la valeur des échanges et des comptes financiers.

(Opposite) Solomon Islands, feather coil, 20th century

As late as the 1960s, red feather money was used in the Santa Cruz Islands as a bride price, to purchase items such as canoes, and to pay fines. Made from the feathers of about 300 birds, the coils took between 500 and 600 hours to produce. (2005.76.1)

(Above) Canada, trade silver, large beaver, late 18th to early 19th centuries

Among the most desirable items traded to the Native peoples were silver ornaments in various designs. Barter value varied with the item: an arm band could be worth three beaver pelts and a brooch only one raccoon. (1969.29.2)

Ci-contre : Îles Salomon, rouleau de plumes, XXe siècle

Jusqu'aux années 1960, les habitants des îles Santa Cruz se sont servis de la monnaie-plume rouge pour verser la dot à la famille de la mariée, se procurer des objets comme des canots ou encore payer une amende. La fabrication d'un seul de ces rouleaux, avec les plumes d'environ 300 oiseaux, exigeait de 500 à 600 heures de labeur. (2005.76.1)

Ci-dessus : Canada, argent indien, gros castor, fin du XVIIIe siècle – début du XIXe siècle

Les parures et bijoux en argent de diverses formes comptent parmi les plus convoités des objets fabriqués pour faciliter les échanges avec les peuples autochtones. Leur valeur variait selon leur nature : par exemple, un brassard pouvait valoir trois peaux de castor, mais une broche, seulement un raton laveur. (1969.29.2)

Money emerged in response to religious, sociological, and economic factors.[1] Highly prized objects were used as payment for brides, as blood-money, or as tribute. They were also used in ceremonies and as ornaments. Shells and beads were particularly desirable in this regard. As societies became more complex, such objects were used to facilitate trade, replacing barter, which required a match between the needs of the buyer and seller. Precious metals were particularly well suited to this role. Gold, silver, and copper could be easily stored and thus gained wide acceptance, especially when governments began to produce coins of standard weight and quality.

La monnaie a été créée pour répondre à des impératifs religieux, sociologiques et économiques[1]. Des objets de grande valeur ont été utilisés pour acheter une épouse, payer le « prix du sang » ou acquitter un tribut. Ils servaient aussi lors de cérémonies et comme ornements, les coquillages et les perles étant particulièrement prisés à cet égard. À mesure que les sociétés se sont complexifiées, ces objets ont facilité les échanges en remplaçant le troc, lequel supposait une coïncidence des besoins du vendeur et de l'acheteur. Les métaux précieux se sont révélés particulièrement bien adaptés à ce rôle : parce qu'ils étaient faciles à entreposer, l'or, l'argent et le cuivre ont été largement acceptés, surtout lorsque les autorités ont commencé à fabriquer des pièces dont le poids et la qualité étaient standardisés.

Canada, necklace of glass beads and dentalium shells, Plains Indians, early 20th century

Fur companies trading in Canada imported glass beads to exchange with the Native peoples. These were often used along with local materials to decorate clothing and make accessories. (1973.79.3)

Canada, Indiens des Plaines, collier de perles de verre et de coquilles de dentales, début du XXe siècle

Les pelletiers canadiens importaient des perles de verre et les utilisaient pour troquer avec les peuples autochtones, qui s'en servaient souvent, avec des objets d'origine locale, pour décorer leurs vêtements et confectionner des accessoires. (1973.79.3)

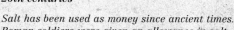

Ethiopia, salt block, late 19th to early 20th centuries

Salt has been used as money since ancient times. Roman soldiers were given an allowance in salt, or "salarium," hence the word "salary." In Ethiopia, people used blocks of salt instead of coins, breaking off pieces to make payments. (1981.50.1)

Éthiopie, briquette de sel, fin du XIXe siècle – début du XXe siècle

Le sel sert de monnaie d'échange depuis l'Antiquité. La solde des légionnaires romains comportait notamment une ration de sel appelée salarium, *d'où tire son origine le mot* salaire. *En Éthiopie, au lieu de pièces de monnaie, les gens cassaient des morceaux d'une briquette de sel pour régler leurs paiements. (1981.50.1)*

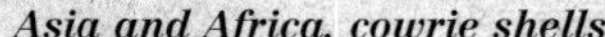

Asia and Africa, cowrie shells

Cowrie shells, most of which originated in the Maldives Islands, were once widely used as a medium of exchange and store of value in parts of Asia and Africa. Replicas made from other materials were also used, such as this Chinese bone cowrie, dating from the 14th to 11th century BC. (1980.10.2)

Asie et Afrique, cauris

Coquillages provenant principalement des îles Maldives, les cauris étaient largement utilisés autrefois comme moyen d'échange et réserve de valeur dans certaines régions de l'Asie et de l'Afrique. Des imitations faites d'autres matériaux ont aussi eu cours, comme cette copie en os de fabrication chinoise datant du XIVe au XIe siècle av. J.-C. (1980.10.2)

(Left) China, hollow-handled spade, 770–600 BC

Before the advent of round coins in China, about 200 BC, money took the form of miniature tools such as knives and hoes. (2000.40.1680)

À gauche : Chine, monnaie-bêche à tête creuse, 770-600 av. J.-C.

Avant d'être remplacées par des pièces rondes, vers 200 av. J.-C., les monnaies chinoises revêtaient l'aspect, à plus petite échelle, d'outils comme les couteaux et les houes. (2000.40.1680)

(Right) Congo, Bangala hoe blade, early 20th century

This hoe-shaped iron blade was used as bride price or dowry in west central Africa as recently as the early 20th century. (2004.90.3)

À droite : Congo, monnaie-houe bangala, début du XXe siècle

Cette lame de fer en forme de houe était l'une des monnaies d'échange matrimoniales utilisées encore au début du XXe siècle dans l'Ouest de l'Afrique centrale pour payer une dot ou le prix d'une épouse. (2004.90.3)

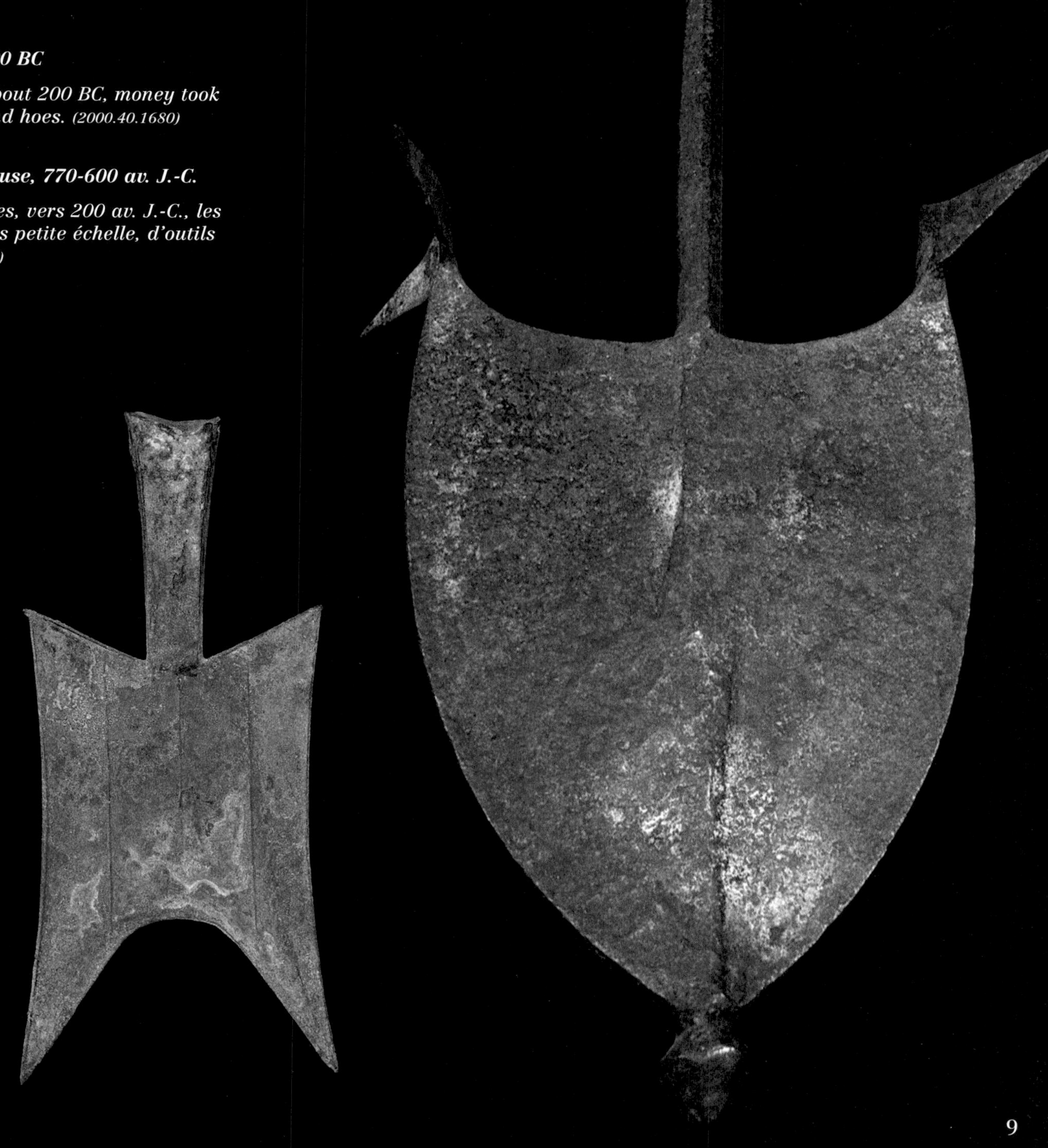

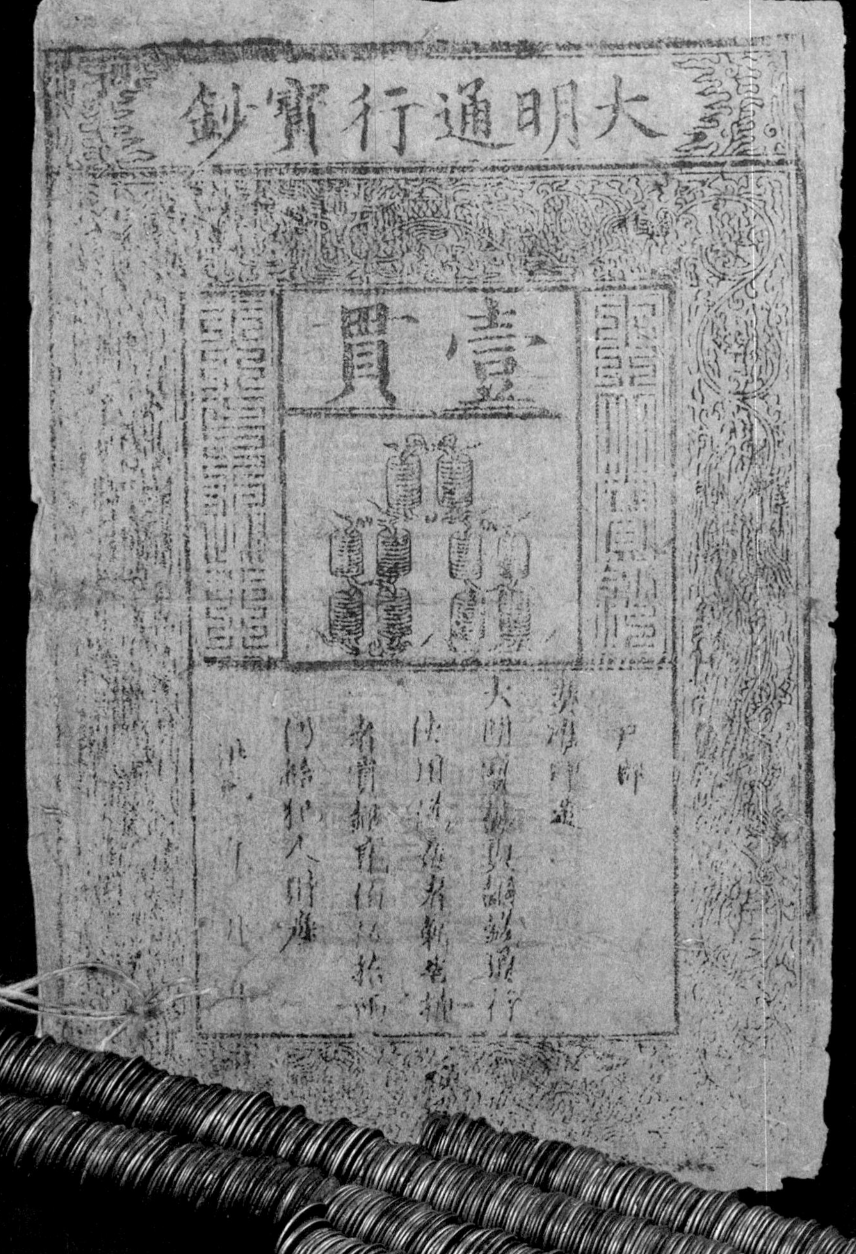

Paper money was first issued in China more than a thousand years ago. Backed by imperial decree rather than by gold or silver, the notes were the first "fiat" money (i.e., inconvertible and intrinsically valueless money made legal tender by a government order). In the West, negotiable bills of exchange, drawn on financial houses, were used as money by traders during the late medieval period.

Le papier-monnaie est d'abord apparu en Chine, il y a plus d'un millier d'années. Ces billets garantis par un décret impérial plutôt que par de l'or ou de l'argent ont été la première monnaie fiduciaire (c'est-à-dire une monnaie non convertible, qui n'a aucune valeur intrinsèque, mais qui a cours légal par ordonnance des autorités). Dans le monde occidental, des lettres de change négociables, tirées sur des établissements financiers, ont été employées comme monnaie par les commerçants à la fin du Moyen Âge.

China, Ming Dynasty, 1 kwan, 1368–1644

The Chinese were the first to use paper money. While no examples of these early notes survive today, evidence suggests that they were first issued in the 9th century. The note shown here depicts 10 strings of coins called "cash" to indicate its value. (1963.48.39)

Chine, dynastie Ming, billet de 1 kwan, 1368-1644

Les Chinois ont été les premiers à utiliser la monnaie de papier. Aucun spécimen de l'époque n'est parvenu jusqu'à nous, mais tout porte à croire que la première émission de billets remonte au IXe siècle. Dix chapelets de pièces appelées « sapèques » ornent le billet que l'on voit ici et servent à en indiquer la valeur. (1963.48.39)

Japan, hansatsu, 1 momme, 1716–36

Nicknamed "bookmark money," these notes were issued by various authorities to supplement coinage. This example features the god of wealth seated atop bags of rice, an early barter item in Japan. (1966.131.43)

Japon, hansatsu, billet de 1 momme, 1716-1736

Surnommés « monnaie-signet », ces billets ont été émis par diverses autorités pour suppléer aux pénuries de pièces de métal. Sur ce spécimen, on voit le dieu de la richesse assis sur des ballots de riz, l'une des premières monnaies d'échange utilisées au Japon. (1966.131.43)

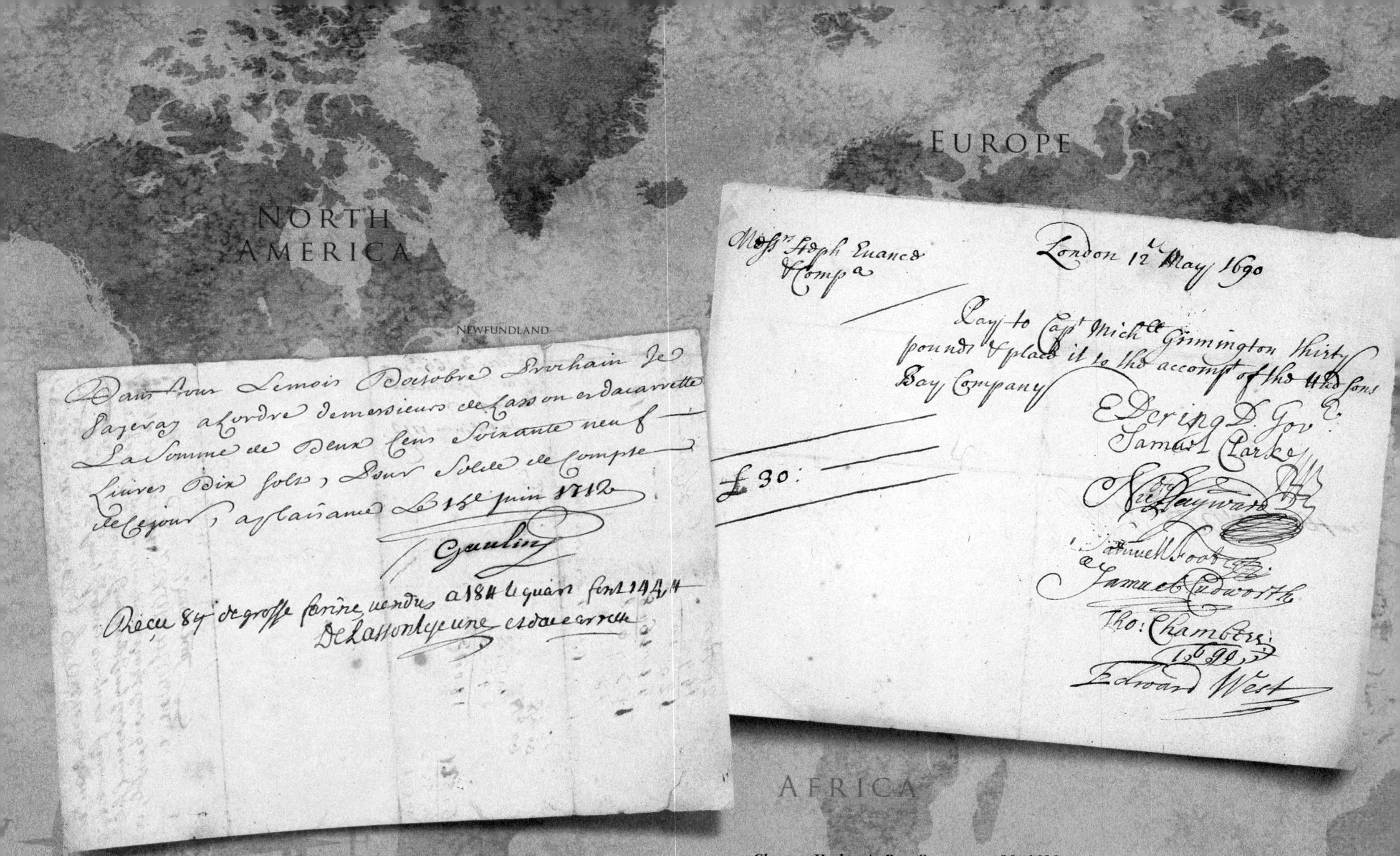

Canada, Newfoundland, promissory note, 1712

Although money generally replaced barter, during coin shortages, commodities were used to discharge financial obligations. This promissory note was partially paid in flour. (2002.10.1)

Canada, Terre-Neuve, billet à ordre, 1712

Même si la monnaie a généralement supplanté le troc, en temps de pénurie de numéraire, on a eu recours aux denrées pour s'acquitter de ses obligations financières. Ce billet à ordre a été partiellement remboursé en farine. (2002.10.1)

Cheque, Hudson's Bay Company, £30, 1690

The Hudson's Bay Company used "drawn notes" or cheques to pay its officers. This example, payable by Stephan Evance, a well-known London goldsmith-banker, is made out to Michael Grimington who worked for the company from 1680 to 1710. The cheque probably represents his annual salary. (2003.42.1)

Compagnie de la Baie d'Hudson, chèque de 30 livres sterling, 1690

La Compagnie de la Baie d'Hudson utilisait des « billets de retrait » (ou chèques) pour payer ses agents. Tiré sur Stephan Evance, banquier-orfèvre londonien de grande renommée, ce chèque est libellé au nom de Michael Grimington, qui a travaillé pour l'entreprise de 1680 à 1710. Le montant du chèque représente vraisemblablement son salaire annuel. (2003.42.1)

Notes issued by banks and governments began to circulate widely during the 17th century. Such bank notes, denominated in standard amounts, were typically backed, at least partly, by reserves of gold and silver. Government-issued bonds were sometimes used as currency and continue to be a store of value. Scrip issued by merchants, along with other forms of private money, including personal cheques, has also periodically found broad acceptance as a currency substitute.

La circulation des billets émanant des banques et des pouvoirs publics s'est généralisée au XVIIe siècle. Ces billets, imprimés en coupures standard, étaient habituellement garantis, du moins en partie, par des réserves d'or et d'argent. Les obligations de l'État ont parfois fait fonction de monnaie d'échange et demeurent encore aujourd'hui une réserve de valeur. Les bons émis par les marchands, ainsi que d'autres instruments monétaires privés, dont les chèques personnels, ont aussi périodiquement recueilli la faveur populaire comme forme alternative de monnaie.

Canada, Province of Canada, $5, 1866, payable in Halifax

Until 1871, the Nova Scotia dollar was worth less than its Canadian counterpart, and special notes were issued and overprinted for redemption only at Halifax. This note is one of a unique pair sold at auction in the late 19th century. The whereabouts of the other note is not known. (1976.155.2)

Canada, Province du Canada, billet de 5 dollars, remboursable à Halifax, 1866

Avant 1871, comme la valeur du dollar néo-écossais était inférieure à celle de son pendant canadien, on émettait des billets spéciaux sur lesquels il était inscrit en surcharge qu'ils étaient remboursables à Halifax seulement. Celui représenté ici est l'un des deux billets qui ont trouvé preneur lors d'un encan tenu à la fin du XIXe siècle. On ignore ce qu'il est advenu de l'autre. (1976.155.2)

Denmark, 1 rigsdaler, 1713

Sweden issued the first European bank notes in 1661. Within a few decades, other countries began issuing their own notes. The Great Nordic War (1700–21) prompted the Danish treasury to issue Denmark's first paper currency in 1713. The notes were legal tender, but were viewed with suspicion and were withdrawn after the war. (1963.48.23)

Danemark, billet de 1 rigsdaler, 1713

La Suède a été le premier pays d'Europe à émettre du papier-monnaie, en 1661. Il a suffi de quelques décennies pour que d'autres lui emboîtent le pas. Ainsi, en 1713, la grande guerre du Nord (1700-1721) a amené le Trésor danois à émettre ses premiers billets. Ceux-ci avaient cours légal, mais faute de susciter la confiance de la population, ils ont été retirés de la circulation après la guerre. (1963.48.23)

Clockwise from top left) Russia, 200 rubles, 4 ½ % bond *(1111.2008.13)*; ***-kopeck stamp*** *(1965.3.345)*; ***Czarist note, 1-ruble*** *(1111.2008.42)*; ***and erensky note, 20 rubles*** *(1966.1.102)*, ***1917***

the chaos following Russia's October Revolution, several different ms of paper circulated concurrently, including Czarist and Kerensky es, postage stamps, and bonds.

Dans le sens des aiguilles d'une montre, en commençant en haut, à gauche : Russie, obligation de 200 roubles à 4 1/2 % *(1111.2008.13)*, ***timbre de 3 kopecks*** *(1965.3.345)*, ***billet tsariste de 1 rouble*** *(1111.2008.42)* ***et Kerensky de 20 roubles*** *(1966.1.102)*, ***1917***

Dans le désordre qui a suivi la révolution d'Octobre, plusieurs formes de papier-monnaie ont circulé simultanément en Russie, notamment des billets tsaristes, des « Kerensky », des timbres-poste et des obligations.

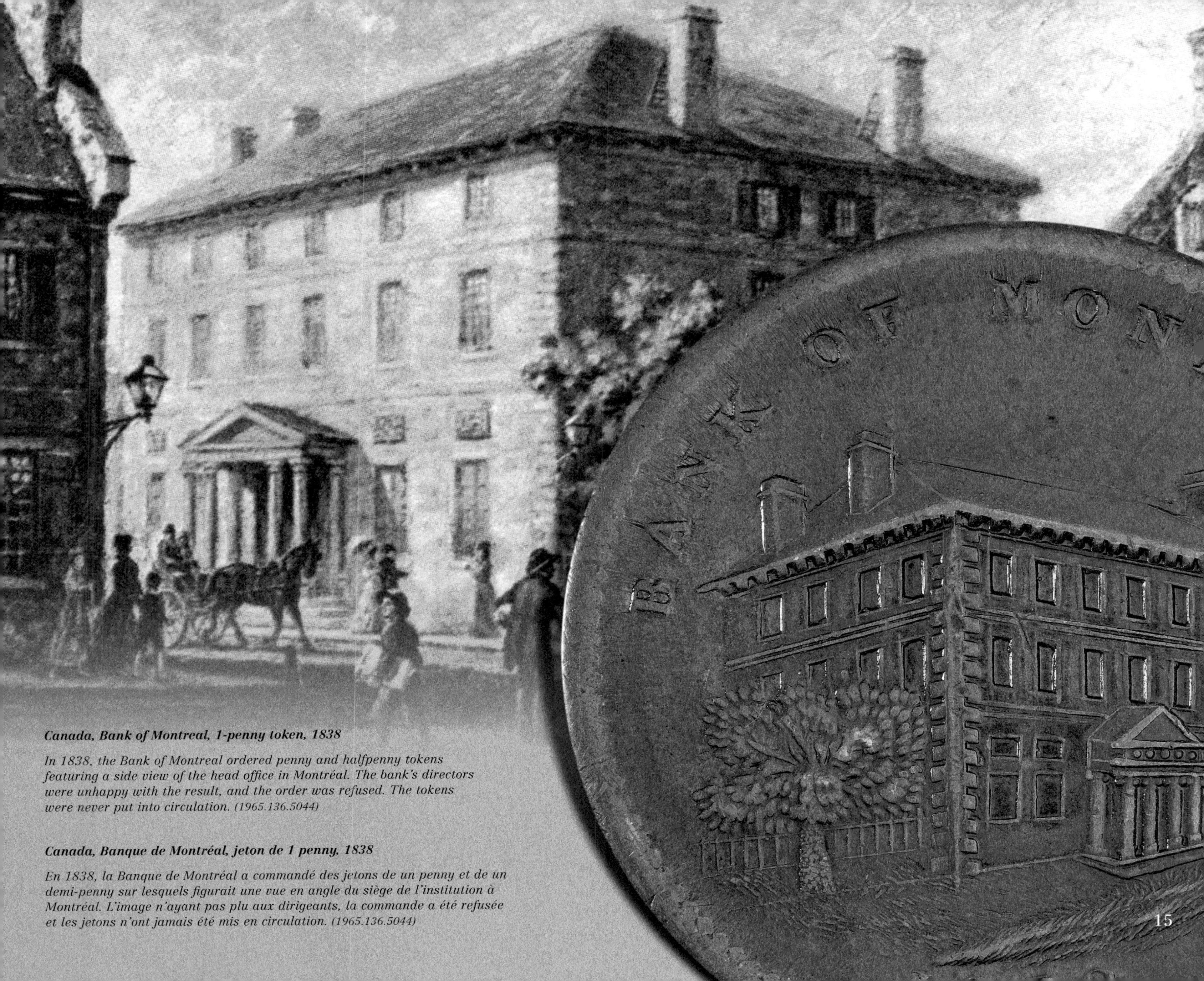

Canada, Bank of Montreal, 1-penny token, 1838

In 1838, the Bank of Montreal ordered penny and halfpenny tokens featuring a side view of the head office in Montréal. The bank's directors were unhappy with the result, and the order was refused. The tokens were never put into circulation. (1965.136.5044)

Canada, Banque de Montréal, jeton de 1 penny, 1838

En 1838, la Banque de Montréal a commandé des jetons de un penny et de un demi-penny sur lesquels figurait une vue en angle du siège de l'institution à Montréal. L'image n'ayant pas plu aux dirigeants, la commande a été refusée et les jetons n'ont jamais été mis en circulation. (1965.136.5044)

With the collapse of the Bretton Woods system of fixed exchange rates during the early 1970s, the last formal link between money and gold was broken. Since then, all major currencies, including the Canadian dollar, have been pure fiat money, their values fluctuating against each other in currency markets. The way we make payments continues to evolve with the wide use of credit and debit cards, the development of digital cash in the form of stored-value cards, and new electronic payments networks.

Au début des années 1970, l'effondrement du système de changes fixes de Bretton Woods a rompu le dernier lien formel entre l'or et la monnaie. Depuis, toutes les grandes monnaies, y compris le dollar canadien, sont purement fiduciaires et leur valeur relative fluctue sur les marchés des changes. Les modes de paiement continuent d'évoluer : cartes de crédit et de débit sont maintenant d'usage courant, l'argent numérique a vu le jour sous la forme de cartes prépayées, et de nouveaux réseaux de paiement électronique font leur apparition.

(Opposite) (Top left) Dominion of Canada, $4, 1882

Until 1969, Canadian notes customarily bore the inscription "Will Pay to the Bearer" as a reminder that they were redeemable in specie (gold or silver). (1964.88.840)

(Top right) Canada, Bank of British North America savings book, 1906

In the mid-19th century, the Bank of British North America was the first to offer savings accounts. Before electronic or online banking, passbooks were used to track changes to bank accounts, and deposits or withdrawals were recorded by hand. (1970.179.1)

Ci-contre, en haut, à gauche : Dominion du Canada, billet de 4 dollars, 1882

Jusqu'en 1969, les billets canadiens portaient généralement une inscription indiquant qu'ils étaient payables au porteur afin de rappeler qu'ils étaient remboursables en or ou en argent. (1964.88.840)

En haut, à droite : Canada, livret d'épargne de la Bank of British North America, 1906

Au milieu du XIXe siècle, la Bank of British North America a été la première institution bancaire à proposer des comptes d'épargne à ses clients. Avant l'avènement d'Internet et des services bancaires électroniques, les gens pouvaient suivre les mouvements d'argent dans leurs comptes grâce à des livrets dans lesquels les dépôts et les retraits étaient inscrits à la main. (1970.179.1)

DOMINION OF CANADA
270903
THE DOMINION OF CANADA
Will pay to bearer
FOUR DOLLARS
N.B.—Money cannot be withdrawn without this Pass Book.
SAVINGS DEPARTMENT.
THE BANK OF BRITISH NORTH AMERICA.
DEPOSITS ARE SUBJECT TO THE FOREGOING REGULATIONS.
PARTICULARS
Initials
CHEQUES
DEPOSITS
BALANCE
112 KENT STREET
3864-892
1556
DEPOSIT TO TAX
(#7547)
TAX TO SAVINGS
(#7548)
$44.80
$178.23
$140.00
$161.11
Mosaik
TELUS
Prepaid Long Distance Card
$30

2

THE NATIONAL CURRENCY COLLECTION

Canada's National Currency Collection, a repository of more than 100,000 artifacts, includes currency from around the world and from all historical periods. The Collection also contains materials used for producing money (dies, plates, and engraving tools), keeping track of money (ledgers, banking, and government accounts), measuring money (weights and scales), handling money (cash registers, savings banks, and wallets), and studying money (numismatic medals and cards), together with examples of counterfeit money. Another important element of the Collection is its library and archives, which contain more than 8,500 books, pamphlets, catalogues, and journals dating back to medieval times. Examples from the Collection are showcased in the Bank of Canada's Currency Museum located at the central bank's headquarters in Ottawa.

LA COLLECTION NATIONALE DE MONNAIES

La Collection nationale de monnaies compte plus de 100 000 artéfacts et comprend notamment des pièces de monnaie et des billets de banque datant de toutes les époques et provenant des quatre coins du monde. Elle renferme en outre des objets servant à fabriquer l'argent (matrices, plaques et outils à graver), à en suivre les mouvements (registres, livrets bancaires et comptes d'État), à le mesurer (poids et balances) ou à le manipuler (caisses enregistreuses, tirelires et portefeuilles), ainsi que des articles qui en facilitent l'étude (médailles et cartes émises par des sociétés numismatiques), sans oublier des spécimens de monnaie contrefaite. Riches de plus de 8 500 livres, dépliants, catalogues et journaux, dont certains remontent aux temps médiévaux, la bibliothèque et les archives constituent un autre volet important de la Collection. Diverses pièces de cette dernière sont exposées au Musée de la monnaie, au siège de la Banque du Canada, à Ottawa.

(Opposite) Germany, nested weights, 1782

The Collection contains approximately 300 different weights and scales, ranging from Egyptian glass weights to sovereign balance scales from Victorian England. Nested weights were a convenient means of carrying and storing a large number of weights. (1979.161.5)

(Above) North West Company, halfpenny token, 1820

Issued by one of Canada's major fur-trading companies, these tokens were used in dealings with Native peoples in western Canada and the Columbia River valley. Very few exist that have not had holes drilled for stringing. (1966.160.1343)

Ci-contre : Allemagne, pile à godets, 1782

La Collection comprend environ 300 poids et balances d'origines diverses, notamment des poids en verre égyptiens et des balances à souverains datant de l'Angleterre victorienne. La pile à godets avait l'avantage de faciliter le transport et le rangement d'un grand nombre de poids. (1979.161.5)

Ci-dessus : Compagnie du Nord-Ouest, jeton de un demi-penny, 1820

Émis par l'une des principales compagnies de commerce des fourrures au Canada, ces jetons servaient aux échanges avec les peuples autochtones de l'Ouest du pays et de la vallée du fleuve Columbia. Il existe très peu de spécimens n'ayant pas été percés pour les enfiler sur une corde. (1966.160.1343)

The idea of establishing a National Currency Collection originated with Governor James Coyne. In 1959, Governor Coyne, regretting that there was no collection of the bank notes issued by private Canadian banks over the previous 150 years, initiated an investigation into the feasibility of a national collection that would contribute to the public relations of the Bank of Canada, as well as being an educational resource. Guy L. Potter was hired as a numismatic consultant to help define the future direction of the Collection.

C'est au gouverneur James Coyne que l'on doit l'idée de constituer une collection nationale de monnaies. En 1959, regrettant que l'on n'ait jamais songé à réunir en un même lieu des échantillons des billets émis par les banques privées canadiennes au cours des 150 années précédentes, il demande que l'on examine la possibilité de créer une collection nationale qui contribuerait au rayonnement de la Banque du Canada tout en ayant une mission éducative. On retient les services de Guy L. Potter à titre d'expert-conseil en numismatique afin d'aider à définir l'orientation future de la nouvelle collection.

Governor James Coyne and Canadian Bank of Commerce $5, 1935 series (S. M. Wedd signature), from the bank's final note issue in 1944

The transfer to the Bank of Canada on 1 January 1950 of the responsibility for redeeming outstanding notes issued by Canada's chartered banks and the Bank's success in removing them from circulation prompted Governor Coyne's interest in a national collection. (1999.16.1)

Le gouverneur James Coyne et billets de 5 dollars de la Banque Canadienne de Commerce portant la signature de S. M. Wedd, série de 1935, de la dernière émission de billets de la banque en 1944

L'idée de créer une collection nationale de monnaies est née dans l'esprit du gouverneur Coyne à la suite du transfert à la Banque du Canada, le 1er janvier 1950, de la responsabilité de rembourser les billets émis par les banques canadiennes et du succès de l'institution à retirer ceux-ci de la circulation. (1999.16.1)

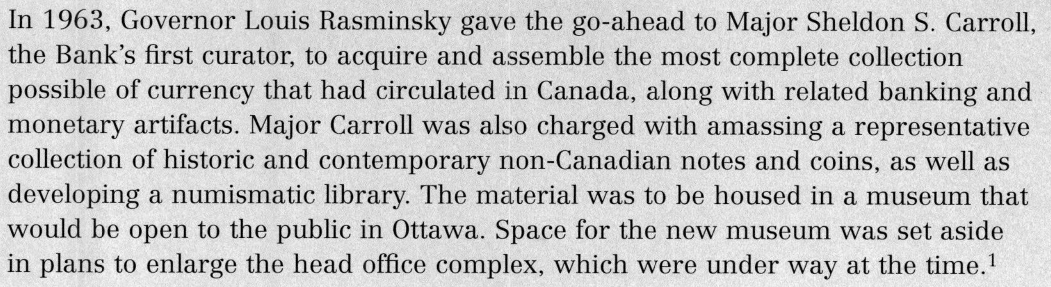

In 1963, Governor Louis Rasminsky gave the go-ahead to Major Sheldon S. Carroll, the Bank's first curator, to acquire and assemble the most complete collection possible of currency that had circulated in Canada, along with related banking and monetary artifacts. Major Carroll was also charged with amassing a representative collection of historic and contemporary non-Canadian notes and coins, as well as developing a numismatic library. The material was to be housed in a museum that would be open to the public in Ottawa. Space for the new museum was set aside in plans to enlarge the head office complex, which were under way at the time.[1]

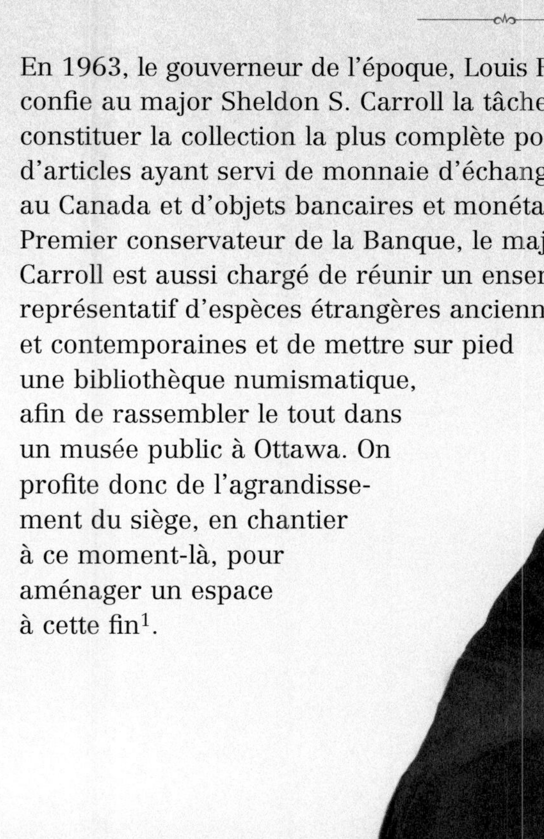

En 1963, le gouverneur de l'époque, Louis Rasminsky, confie au major Sheldon S. Carroll la tâche de constituer la collection la plus complète possible d'articles ayant servi de monnaie d'échange au Canada et d'objets bancaires et monétaires. Premier conservateur de la Banque, le major Carroll est aussi chargé de réunir un ensemble représentatif d'espèces étrangères anciennes et contemporaines et de mettre sur pied une bibliothèque numismatique, afin de rassembler le tout dans un musée public à Ottawa. On profite donc de l'agrandissement du siège, en chantier à ce moment-là, pour aménager un espace à cette fin[1].

Governor Louis Rasminsky (left) and Major Sheldon Carroll (right), c. 1965

Le gouverneur Louis Rasminsky (à gauche) et le major Sheldon Carroll (à droite), vers 1965

The core of the collection was assembled throughout the 1960s and early 1970s, often with the co-operation of government departments, such as the Department of Finance, as well as the Royal Canadian Mint, security printing firms, chartered banks, and private individuals. In 1963, the Bank acquired the collection of J. Douglas Ferguson, then the dean of Canadian numismatists. The Ferguson collection included paper money issued during the French Regime, along with a significant selection of ancient, medieval, and contemporary coins.

L'essentiel de la Collection est amassé dans les années 1960 et au début des années 1970, souvent grâce à la collaboration de différents ministères, comme celui des Finances, ainsi que de la Monnaie royale canadienne, de sociétés spécialisées dans l'impression de produits fiduciaires, de banques et de particuliers. En 1963, la Banque acquiert la collection de J. Douglas Ferguson, doyen de la numismatique canadienne à l'époque. Cette collection est composée entre autres de billets datant du Régime français ainsi que de nombreuses pièces de monnaie de l'Antiquité, du Moyen Âge et de l'ère contemporaine.

Book of sample proofs

In 1964, the Department of Finance transferred three albums containing specimens and proofs of Province of Canada and Dominion of Canada notes to the Collection.

Album d'échantillons d'épreuves

En 1964, le ministère des Finances transfère à la Collection trois albums renfermant des spécimens et des épreuves de billets de la Province du Canada et du Dominion du Canada.

J. Douglas Ferguson and (opposite) Goderich Bank 10 shillings, 1834

From 1965 to 1980, former president of the Canadian Manufacturers Association, J. D. Ferguson, sold or donated to the Collection over 18,000 pieces of money. Many, such as this note, were unique and irreplaceable. (1964.88.215)

J. Douglas Ferguson et (ci-contre) billet de 10 shillings de la Goderich Bank, 1834

Entre 1965 et 1980, l'ancien président de l'Association des manufacturiers canadiens, J. D. Ferguson, vend ou donne à la Collection plus de 18 000 instruments monétaires, dont un grand nombre d'objets uniques et irremplaçables, comme le billet reproduit ici. (1964.88.215)

Letter of transfer of Public Archives Collection

The acquisition of the numismatic holdings of the Public Archives in 1965 ensured that the Bank's collection would "be a superb national collection" in the words of Dominion Archivist W. Kaye Lamb. (Archives 1, 2)

Lettre de transfert de la collection des Archives publiques

En faisant l'acquisition du fonds numismatique des Archives publiques en 1965, la Banque du Canada s'est assurée, selon l'archiviste du Dominion W. Kaye Lamb, de posséder une collection prestigieuse d'importance nationale. (Archives 1, 2)

In 1965, the Secretary of State approved the transfer to the Bank of Canada of some 16,000 pieces held in the Public Archives of Canada. Many of these artifacts dated from the federal government's acquisition of the Gerald E. Hart collection in 1883.

En 1965, le secrétaire d'État approuve la cession à la Banque de quelque 16 000 objets appartenant aux Archives publiques du Canada. Bon nombre d'entre eux étaient issus de la collection de Gerald E. Hart, que celui-ci avait vendue à l'État en 1883.

DEPUTY MINISTER'S OFFICE

PUBLIC ARCHIVES OF CANADA

330 Sussex Drive
Ottawa 2, Ontario.

June 23, 1965.

Mr. Louis Rasminsky,
Governor,
Bank of Canada,
234 Wellington Street,
OTTAWA 4.

Dear Mr. Rasminsky:

You will be glad to lea
of State, who is the Minister respons
of the Public Archives, has approved
to the Bank of Canada the collection
at present in the Archives.

The transfer is to be
both of which you may remember I d
Major Carroll. These are the foll

(1) It is to be understood
retain in its collection
coins and notes received
(The example retained n
collection.)

(2) If requested to do
Bank of Canada is to p
Museum and/or make ma
if this will add to s
Museum should includ
major national numis
Bank of Canada and

\- 2 -

I shall be sorry to see our collection leave the Archives, as it is both large and valuable, and includes a grea deal of very interesting Canadian material. It is clear, howev that the Bank of Canada is prepared to build up its numismatic collections in a way that neither we nor the National Museum, to which we expected to transfer our holdings, can hope to do. Certainly if the Bank adds our coins and notes to its own fine collection, and expands the combined collection in the way you indicated when we discussed the matter, the result should be a superb national collection.

I must be in Toronto and Winnipeg for most of the next fortnight, but I shall be ready to arrange for the moving of our coins and notes to the Bank of Canada anytime after July 12.

Yours sincerely,

W. Kaye Lamb
Dominion Archivist.

WKL/dm

cc: Dr. Richard Glover
National Museum of Canada.

GERALD E. HART

Gerald E. Hart, born in Trois-Rivières, Quebec, in 1849, was a member of the Antiquarian and Numismatic Society of Montreal, and later became its Secretary. He was also a historian and wrote several books on New France. In 1875, he offered to sell his large collection of Canadian currency and medals to the new Dominion government. After several years of discussion, the government finally purchased the collection in 1883 for $2,500. It was displayed in the Library of Parliament in Ottawa, where it remained until the 1950s when it was moved to the Public Archives. In 1965, notes and coins held in the Archives were transferred to the Bank of Canada and became part of the National Currency Collection. Unfortunately, it is impossible to know with certainty which of the transferred artifacts were originally from the Hart collection, since a catalogue of the collection was apparently not compiled when the government purchased it. Hart died in 1936.

Gerald E. Hart naît en 1849 à Trois-Rivières, au Québec. Membre de la Société d'archéologie et de numismatique de Montréal, dont il sera le secrétaire, cet historien est l'auteur de plusieurs ouvrages sur la Nouvelle-France. En 1875, il offre à l'administration du nouveau Dominion d'acheter son imposante collection personnelle de monnaies et de médailles canadiennes. Les négociations se poursuivront jusqu'en 1883, l'État en faisant alors finalement l'acquisition pour la somme de 2 500 dollars. La collection est exposée à la Bibliothèque du Parlement, à Ottawa, jusque dans les années 1950, avant d'être déménagée aux Archives publiques. En 1965, les billets et pièces de monnaie conservés aux Archives sont cédés à la Banque du Canada, qui les intègre à la Collection nationale de monnaies. Malheureusement, il est impossible de savoir exactement lesquels, parmi les objets transférés, faisaient partie à l'origine de la collection Hart, les autorités de l'époque n'en ayant apparemment jamais dressé un catalogue. Gerald Hart est décédé en 1936.

Parliamentary Library, c. 1925

The cabinets housing the Hart collection are visible in the centre of this photograph.

Bibliothèque du Parlement, vers 1925

On peut voir, au centre de la photographie, les vitrines abritant la collection Hart.

Canada, "Vexator Canadiensis" halfpenny token, c. 1820

This early Canadian token is one of the few pieces that can be identified as having been part of the Hart collection. Its exceptional condition, with near-complete legends, distinguishes it from similar pieces. It was cited the "perfect coin in the Government Collection in Ottawa" in a catalogue accompanying the sale of another of Hart's coin collections in 1888. (1964.43.83)

Canada, jeton « Vexator canadiensis » de un demi-penny, vers 1820

Cet ancien jeton canadien est l'un des rares objets dont l'appartenance à la collection Hart a pu être confirmée. Il se distingue de pièces similaires par son état de conservation exceptionnel et des légendes pratiquement intactes. Dans un catalogue de 1888 associé à la vente d'une autre des collections de monnaies de Hart, ce jeton est dit la pièce parfaite de la collection de l'État à Ottawa. (1964.43.83)

Canada, production dies, halfpenny Bouquet sou, c. 1835

Presented by Montréal druggist, Dr. Picault, in 1863, this unique set of dies was one of the first donations to the fledgling Numismatic Society of Montreal. (1974.151.230)

Canada, coins, sou à bouquet de un demi-penny, vers 1835

Offert en 1863 par le Dr Picault, un droguiste montréalais, cet ensemble unique de coins compte parmi les premiers dons reçus par la toute nouvelle Société d'archéologie et de numismatique de Montréal. (1974.151.230)

The Bank made another major acquisition in 1974, purchasing a significant portion of the Château de Ramezay collection, owned by the Antiquarian and Numismatic Society of Montreal, Canada's first numismatic society, established in 1862. This included the collection of R. W. McLachlan, the premier Canadian numismatist of the late 19th and early 20th centuries. In 1977, in recognition of the national significance of the Bank's growing collection, the Secretary of State agreed to designate it as the National Currency Collection.

La Banque réussit un autre coup de maître en 1974, en rachetant une grande partie de la collection du Château de Ramezay à la Société d'archéologie et de numismatique de Montréal, le premier organisme du genre au Canada, fondé en 1862. Elle met ainsi la main sur la collection de Robert W. McLachlan, le plus grand numismate canadien de la fin du XIXe siècle et du début du siècle suivant. En 1977, le secrétaire d'État reconnaît officiellement l'importance pour le pays tout entier de la collection grandissante de la Banque, qui sera désormais désignée sous le nom de Collection nationale de monnaies.

Malaya, tin piece from the Sultanate of Jahore, mid-19th century

The Numismatic Society of Montreal received diverse and significant donations from around the world, such as this East Asian money from the Sultanate of Jahore in 1897. (1974.151.5156)

Malaisie, pièce d'étain du sultanat de Johor, milieu du XIXe siècle

La Société d'archéologie et de numismatique de Montréal a bénéficié de dons substantiels provenant du monde entier, comme cette monnaie d'Asie orientale, que lui a offerte le sultanat de Johor en 1897. (1974.151.5156)

Roman Empire, (left) Septimus Severus, denarius, 193–211 AD and (right) Faustina Junior, denarius, 146–175 AD

Sir John Evans, noted British archaeologist, antiquarian, collector, and father of Sir Arthur Evans, excavator of Minoan Crete, donated eight denarii to the Society in 1897. His personal coin collection was the basis of the Ashmolean's collection at Oxford. (1974.151.1344; 1974.151.1330)

Empire romain, (à gauche) Septime Sévère, denier, 193-211, et (à droite) Faustine la Jeune, denier, 146-175

Sir John Evans – célèbre archéologue, antiquaire et collectionneur britannique et père de sir Arthur Evans, qui a mis au jour les vestiges de la Crète minoenne – fait don de huit deniers à la Société en 1897. Sa collection personnelle de monnaies servira de base à la collection du Musée ashmoléen d'Oxford. (1974.151.1344; 1974.151.1330)

Australia, 5 shillings, holey dollar and holey-dollar plug, 1813

In 1813, Lachlan Macquarie, Governor of the colony of New South Wales, overcame an acute coin shortage by creating two new coins from Spanish silver dollars. The central plugs (known as dumps) were restruck with a new design, and the dollars were overstamped around the hole. Donated to the Society by Australian businessman A. G. Ascher in 1881, they are another example of the diverse and rare material received in its early years. (1974.151.295; 1974.151.294)

Australie, 5 shillings, dollar percé et fragment, 1813

En 1813, Lachlan Macquarie, gouverneur de la colonie de Nouvelle-Galles du Sud, remédie à une grave pénurie d'espèces en créant deux nouvelles pièces à partir de dollars d'argent espagnols. Le disque central est contremarqué d'un nouveau motif, tandis que le dollar est surfrappé autour du trou. Offertes par l'homme d'affaires australien A. G. Ascher en 1881, ces pièces illustrent la diversité et la rareté des objets que reçoit la Société dans les années suivant sa création. (1974.151.295; 1974.151.294)

CAROLUS · IIII · DEI · GRATIA ·
1800
FIVE SHILLINGS

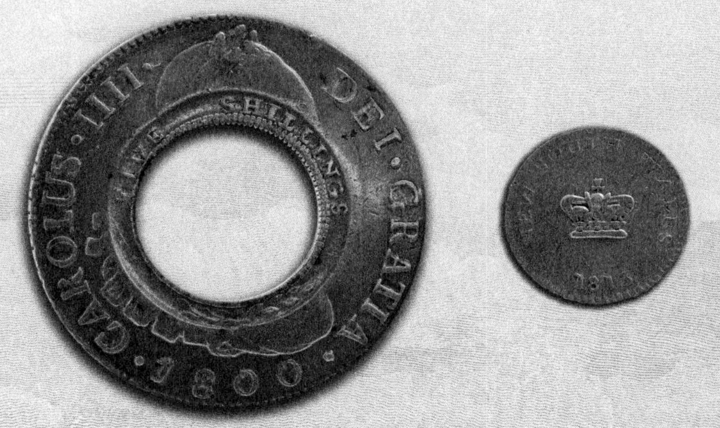

View of part of the RIVER OF SYDNEY, in New South Wales.
Taken from St. Phillips Church Yard.
Dedicated to his Excellency Lachlan Macquarie Esqr. Govenor of New South Wales &c. &c. &c.
Published June 4th 1813 by A. West, Sydney.

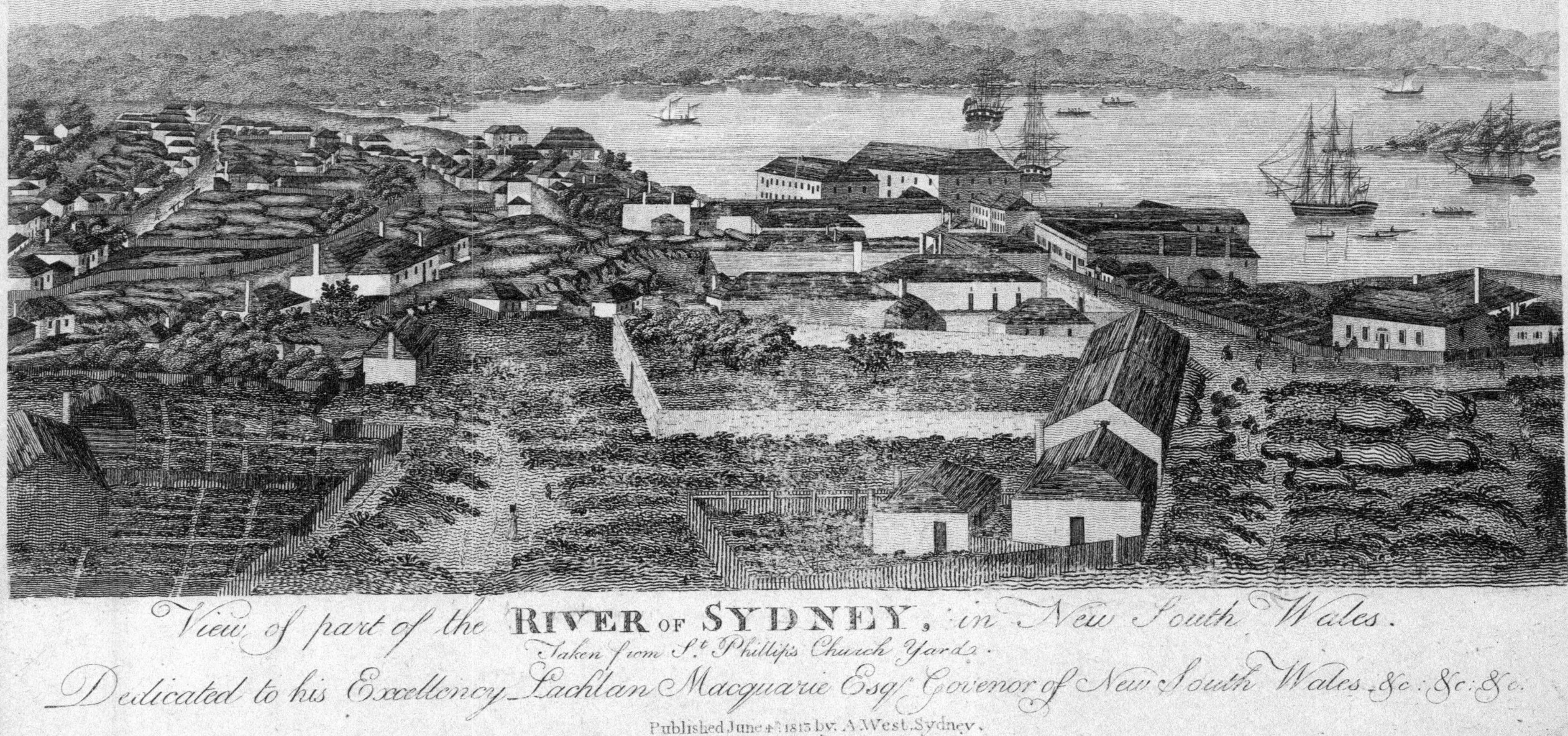

ROBERT McLACHLAN

Robert McLachlan was born in 1845 in Hochelaga, now part of Montréal. From a very early age, McLachlan had an interest in coin collecting, and, during his lifetime, assembled the most complete collection of Canadian decimal coins in the world. McLachlan was a member of numismatic societies in North America and Europe, including the Antiquarian and Numismatic Society of Montreal. A noted author and archaeologist, McLachlan wrote extensively on the history of Canadian tokens and did much to popularize numismatics in Canada. Shortly before his death in 1926, McLachlan sold the bulk of his collection to the Antiquarian and Numismatic Society, which displayed it in the Château de Ramezay in Montréal. The Society acquired the rest of his collection in 1929. During the mid-1970s, the Bank of Canada acquired significant parts of McLachlan's collection, thereby ensuring the safekeeping of the foremost private collection of Canadian currency.

Né en 1845 dans la municipalité d'Hochelaga (annexée depuis à la ville de Montréal), Robert McLachlan se passionne très tôt pour la numismatique, si bien qu'au terme de sa vie, il aura constitué la collection de pièces de monnaie décimales canadiennes la plus complète au monde. Archéologue et auteur reconnu, il a beaucoup écrit sur l'histoire des jetons canadiens, contribuant activement à faire connaître la numismatique au pays. M. McLachlan s'est joint à diverses sociétés de numismatique d'Europe et d'Amérique du Nord, dont la Société d'archéologie et de numismatique de Montréal, à laquelle il vend l'essentiel de sa collection peu avant sa mort, en 1926. Ces pièces sont alors exposées au Château de Ramezay, à Montréal, et la Société achète le reste de la collection en 1929. C'est au milieu des années 1970 que la Banque du Canada se porte acquéreur de la plupart de ces artéfacts, assurant ainsi la préservation de la plus importante collection privée de monnaie canadienne.

Canada, Montréal, "Pro Bono Publico" halfpenny token, 1837

first reported in a New York auction in 1884, this unique Canadian token was acquired by McLachlan prior to 1894, as recorded by noted Montréal dealer P. Napoleon Breton. *(1974.151.2472)*

Canada, Montréal, jeton « Pro Bono Publico » de un demi-penny, 1837

Signalé pour la première fois dans une vente aux enchères de New York en 1884, ce jeton canadien unique a été acheté par Robert McLachlan avant 1894, selon les dossiers du réputé courtier montréalais P. Napoléon Breton. *(1974.151.2472)*

Presidential address

McLachlan was a prolific writer who published articles on Canada's numismatic history in a wide range of journals. His address to the Royal Society of Canada in 1915 is richly illustrated with photographs of many pieces presumably drawn from his extensive collection.

Discours du président

Auteur prolifique, Robert McLachlan publie des articles sur l'histoire numismatique du Canada dans un grand nombre de revues. Son discours à la Société Royale du Canada en 1915 est illustré de nombreuses photographies d'objets provenant vraisemblablement de son immense collection.

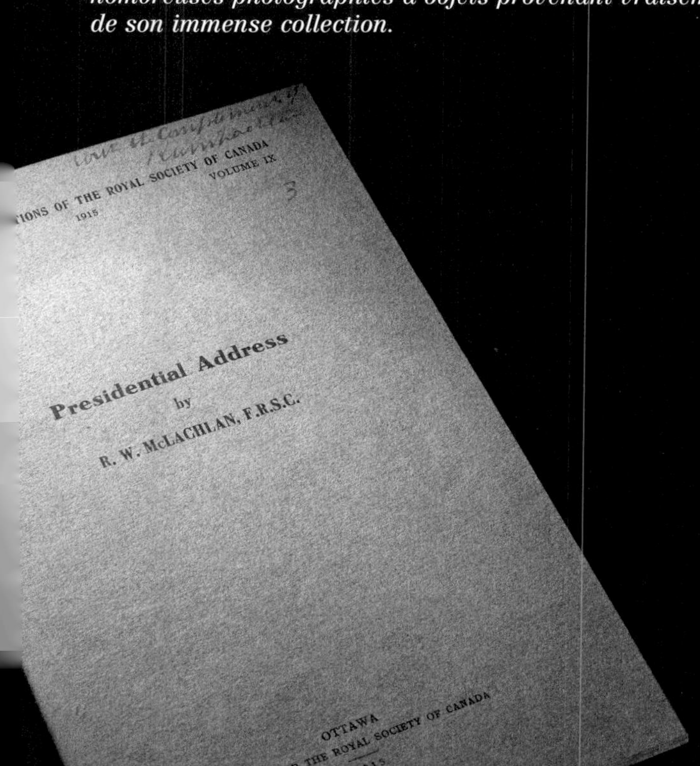

Canada, Nova Scotia, ½ cent, 1861, pattern

Known for its significant Canadian tokens, McLachlan's collection also included fine examples of ancient and modern coins such as this one. *(1974.151.218)*

Canada, Nouvelle-Écosse, pièce d'essai de un demi-cent, 1861

La collection McLachlan, connue pour les importants jetons canadiens qu'elle renferme, comprend aussi de beaux spécimens de pièces anciennes et modernes comme celui que l'on voit ici. *(1974.151.218)*

After years of delay, the Bank of Canada's Currency Museum finally opened to the public in 1980. Located just minutes from Parliament Hill, the Museum is a major Ottawa attraction. In addition to permanent displays featuring the history of money in Canada and around the world, there are frequent temporary and travelling exhibits.

Au terme d'une attente de plusieurs années, le Musée de la monnaie de la Banque du Canada accueille finalement ses premiers visiteurs en 1980. Situé à quelques pas de la Colline du Parlement, le Musée est l'une des principales attractions d'Ottawa. En plus des expositions permanentes consacrées à l'histoire de la monnaie au Canada et ailleurs dans le monde, des expositions temporaires et itinérantes s'y succèdent régulièrement.

Museum entrance

The Currency Museum is located on the ground floor of the original Bank of Canada building. The entrance to the Museum is in the Bank's Garden Court.

L'entrée du Musée

Situé au rez-de-chaussée de l'immeuble original de la Banque du Canada, le Musée de la monnaie s'ouvre sur le jardin intérieur.

Travelling exhibit "Count Your Pennies"

This exhibit was designed to illustrate the money used by Canadians to make purchases at their local grocery stores during three periods: 1905, the 1930s, and the 1950s.

L'exposition itinérante « Chaque sou compte »

Cette exposition cherche à montrer aux visiteurs comment les Canadiens réglaient leurs achats à l'épicerie à trois époques différentes : en 1905 et dans les années 1930 et 1950.

Numismatic Library

Primarily a research tool for the curators, the numismatic library is also open to the public by appointment. It is updated regularly with new and historic references. Three to four linear feet of books are added to the library each year.

Bibliothèque de référence numismatique

La bibliothèque est avant tout un outil de recherche pour les conservateurs, mais elle est également ouverte au public sur rendez-vous. Elle est enrichie régulièrement de nouvelles ressources et de documents historiques. De plus, elle gagne chaque année environ un mètre linéaire de livres.

Netherlands, Ready Reckoner, 16th century, Charles V

One of the oldest books in the library is this ready reference of numismatic ordonnances and edicts.

Pays-Bas, barème, XVIe siècle, Charles V

Ce barème d'ordonnances et d'édits numismatiques est l'un des plus anciens ouvrages de la bibliothèque.

The Museum's Learning Centre offers programs designed to interpret our monetary and economic heritage, increase public awareness of the Bank of Canada, and foster confidence in bank notes and the Canadian financial system. Students and scholars conducting research on the history of money and banking in Canada can consult the Museum's library and obtain photographs of artifacts. The Museum also provides identification services to archaeologists and numismatists.

Le Centre d'apprentissage propose des programmes qui interprètent le patrimoine numismatique et économique du pays, font connaître le rôle de la Banque du Canada et entretiennent la confiance dans la monnaie et le système financier. Étudiants et chercheurs dont les travaux portent sur l'histoire de la monnaie et des banques au Canada peuvent consulter les ouvrages de la bibliothèque du Musée et obtenir des photos des artéfacts. Quant aux archéologues et aux numismates, ils peuvent se prévaloir des services d'identification qu'offre le Musée.

"Inflation Busters"

"Inflation Busters" is a dynamic prize-winning program for high school students in which they learn about inflation and how it affects people in all walks and periods of life.

Examining bank notes, 2007

The Museum recently worked with the Durham School Board to develop an anti-counterfeiting module for use in schools across the country.

Museum website

The Museum's interactive website makes the Museum accessible to everyone, no matter their location. Here the public can learn about programs offered, exhibits currently on display, and some of the artifacts from the National Currency Collection.

« Échec à l'inflation! »

« Échec à l'inflation! », un programme dynamique qui a été primé, explique aux élèves du secondaire ce qu'est l'inflation et comment elle touche les gens de tous les âges et de tous les milieux.

Examen des billets de banque, 2007

Récemment, le Musée a collaboré avec le conseil scolaire de Durham à mettre au point un module de sensibilisation à la lutte contre la contrefaçon destiné aux écoles de tout le pays.

Le site Web du Musée

Grâce à son site Web interactif, le Musée est accessible partout et en tout temps. Le public peut se renseigner sur les programmes offerts et les expositions en cours, et découvrir des objets de la Collection nationale de monnaies.

The National Currency Collection continues to expand under the stewardship of a dedicated staff, growing by roughly 300 to 500 pieces a year through planned and opportunistic purchases. From time to time, the Collection receives gifts and bequests. While always trying to fill gaps in the Collection, the staff is currently focusing on several new areas of interest, including Canadian payment cards and government bonds. Research to gain a better understanding of Canada's colonial heritage and the artifacts in the Collection is always ongoing, as are conservation efforts to preserve Canada's numismatic heritage for future generations of Canadians.

Gérée par un personnel dévoué, la Collection nationale de monnaies continue de s'enrichir de quelque 300 à 500 objets annuellement, au gré d'achats planifiés ou opportuns ainsi que de legs et de dons occasionnels. Tout en s'employant à combler les lacunes au sein de la Collection, le personnel s'attache actuellement à y intégrer de nouveaux domaines d'intérêt, notamment les cartes de paiement et les obligations d'État canadiennes. Les recherches menées pour mieux connaître l'héritage colonial du Canada et les artéfacts de la Collection se poursuivent sans relâche, tout comme la préservation du patrimoine numismatique national pour les générations futures.

Curator examining coin

In recent years, the focus of curatorial research has been to develop a better understanding of the colonial currencies used in Canada prior to Confederation.

Conservateur examinant une pièce de monnaie

Depuis quelques années, les recherches menées dans le domaine de la conservation visent à en apprendre davantage sur les monnaies coloniales utilisées au Canada avant la Confédération.

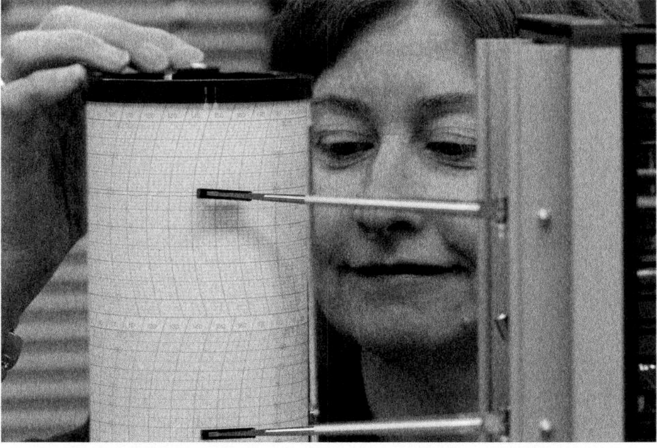

Conservator examining hygrothermograph

Conservators conduct research into the long-term storage of the Collection to ensure its preservation for the future.

Restauratrice examinant un hygrothermographe

Les restaurateurs effectuent des recherches sur l'entreposage à long terme de la Collection afin d'en assurer la préservation pour l'avenir.

Staff member inspecting trays in the vault

Artifacts not on loan or on display are securely stored. Coins are placed in numbered holders, arranged alphabetically by country of origin, chronologically by period of issue, and then by denomination.

Employé inspectant un tiroir range-monnaie dans la chambre forte

Lorsqu'ils ne sont ni prêtés ni exposés, les objets de la Collection sont entreposés en lieu sûr. Les pièces sont rangées dans des compartiments numérotés et classées par ordre alphabétique selon le pays d'origine, par ordre chronologique selon la période d'émission, puis selon la valeur faciale.

MONEY TALKS

3

Objects used as money by diverse cultures throughout history reveal a great deal about what these societies valued, both literally and figuratively. They also provide clues about the sophistication and state of their economies and their politics, as well as their art and religion. In primitive societies, money was practical in nature. Salt was prized because it could be used to preserve food; furs were valued as clothing and blankets, while shells and beads could be used for ornamentation. Tools and weapons were also widely used as money. As societies sought more convenient and economical forms of payment, money became symbolic. Nevertheless, it often retained a representational link to its functional past.

QUAND L'ARGENT PARLE

Les objets que différentes cultures ont utilisés comme monnaie au fil des âges sont très révélateurs de ce qui avait de la valeur pour ces peuples, tant au propre qu'au figuré. De plus, ils en disent long non seulement sur la complexité et la prospérité de leur économie, mais aussi sur leur organisation politique, leur expression artistique et leurs croyances religieuses. Dans les sociétés primitives, les instruments d'échange sont des objets prisés pour leur utilité : le sel, parce qu'il permet de conserver les aliments; les fourrures, parce qu'elles font office de vêtements et de couvertures; les coquillages et les perles, en raison de leur fonction ornementale. Les outils et les armes sont aussi largement employés pour commercer. Avec le temps, les gens aspirent cependant à des modes de paiement plus commodes et économiques, et c'est alors que l'argent se met à évoluer vers sa forme plus symbolique, quoiqu'il conserve souvent, dans ses apparences, un lien avec ses origines foncièrement concrètes.

(Opposite) New Guinea, boar's tusk necklace, 20th century

Pigs' teeth and boars' tusks were among the many unusual currencies once used by the tribes of New Guinea. (1974.117.1)

(Above) China, Zhou Dynasty, warring states period, 475–221 BC

Money shaped like knives was prevalent in Northeastern China before the development of circular coins. They carry inscriptions identifying their value and place of issue. (1111.2003.69)

Ci-contre : Nouvelle-Guinée, collier de défenses de sanglier, XXe siècle

Les dents de porc et les défenses de sanglier ne sont que deux des nombreux objets insolites ayant servi de monnaie aux tribus de Nouvelle-Guinée. (1974.117.1)

Ci-dessus : Chine, dynastie Zhou, période des Royaumes combattants, 475-221 av. J.-C.

Avant l'apparition des pièces rondes, la monnaie utilisée dans le Nord-Est de la Chine avait souvent la forme de couteaux et portait une inscription qui en précisait la valeur et le lieu d'émission. (1111.2003.69)

The introduction of coins in the 7th century BC was an important milestone. Not only did coins of consistent purity and weight facilitate commerce and trade, they became an important communication vehicle before literacy was widespread. States and monarchs quickly grasped the propaganda value of minting coins emblazoned with their insignia, a feature that continues today. The circulation of coins, often well beyond national borders, extended the political and economic power of the issuer.

L'apparition des pièces de monnaie, au VIIe siècle av. J.-C., marque un tournant décisif. En effet, ces pièces de poids et de composition uniformes, en plus de faciliter les échanges, s'avèrent un moyen de communication des plus efficaces à une époque où la majorité des gens ne savent ni lire ni écrire. Les chefs d'État et les monarques se rendent vite compte qu'en battant monnaie à leurs insignes, ils disposent d'un outil de propagande précieux – usage qui d'ailleurs perdure de nos jours. Les pièces en circulation sur un territoire, et souvent bien au-delà de ses frontières, font rayonner la puissance politique et économique de ceux qui les ont émises.

Achemenid Persia, Artaxerxes I – Darius III, siglos, 453–430 BC

The first coins in the Mediterranean area were simple in design, bearing an image on only one side. This piece shows a figure, possibly the Great King of Persia, holding a bow and spear, symbols of power and authority. (2000.40.225)

Perse achéménide, Artaxerxès Ier – Darios III, siglos, 453-430 av. J.-C.

De facture simple, les premières pièces de monnaie fabriquées dans la région méditerranéenne n'étaient marquées que d'un côté. Il est possible que le personnage représenté sur ce spécimen soit le grand roi de Perse, portant un arc et une lance, symboles de puissance et d'autorité. (2000.40.225)

BLACK SEA

TROY

LYDIAN KINGDOM

EPHESUS

MEDITERRANEAN SEA

Asia Minor, Lydia, ½ stater, c. 550 BC

The earliest coins struck in the West come from the area that is now Turkey. The images on these coins reflected the authority behind their issue. (1961.2.1)

Asie Mineure, Lydie, demi-statère, vers 550 av. J.-C.

Les premières pièces de monnaie frappées en Occident proviennent de la région correspondant aujourd'hui à la Turquie. Elles sont ornées d'images représentant les autorités qui les ont émises. (1961.2.1)

(Right) Ancient Sicily, Syracuse, tetradrachm, c. 485 BC

The nymph Arethusa surrounded by dolphins regularly appeared on Syracusan coinage in the 5th century BC. Although details changed, the image was immediately suggestive of Syracuse since it symbolized the freshwater spring on the island of Ortygia, part of the ancient Greek city. (2000.40.252)

À droite : Sicile antique, Syracuse, tétradrachme, vers 485 av. J.-C.

Au Ve siècle av. J.-C., les pièces de monnaie syracusaines portent souvent l'image de la nymphe Aréthuse entourée de dauphins. Bien que certains éléments changent, la scène évoque immédiatement Syracuse, car elle représente la source d'eau douce de l'île d'Ortygie, qui fait partie de la cité grecque antique. (2000.40.252)

(Below) Ancient Greece, Athens, tetradrachm, 449–413 BC

This coin, featuring the image of an owl, representing Athena, goddess of wisdom, proclaimed the authority of Athens, superpower of ancient Greece, as effectively as the greenback does today for the United States. Athens not only featured its patron goddess on its coins, it also used an olive branch to advertise olives, the basis for much of the city's wealth. (1974.151.883)

Ci-dessous : Grèce antique, Athènes, tétradrachme, 449-413 av. J.-C.

Cette pièce, ornée d'une chouette représentant Athéna, déesse de la sagesse, affirme la puissance d'Athènes dans la Grèce antique, à l'instar du billet vert moderne pour les États-Unis. Sur la monnaie d'Athènes figure, outre la déesse protectrice de la cité, une branche d'olivier qui sert à rappeler que c'est au fruit de cet arbre que celle-ci doit une grande partie de sa richesse. (1974.151.883)

(Opposite) Roman Republic, denarii featuring gods and goddesses of the Roman pantheon

(Clockwise from top left) Minerva, 46 BC, Gaius Considius Paetus (1965.3.342); Mercury, 82 BC, C. Mamilius Limetanus (1974.151.1268); Diana, 74 BC, Gaius Postumius (1974.151.1273); Neptune, 60 BC, Publius Plautius Hypsaeus (1974.151.1278)

Moneyers of the Roman Republic used coins to portray episodes from myth, legend, and their own family histories. The Collection contains several hundred republican coins.

(This page) Roman Republic, Julius Caesar, denarius, 46–45 BC

Caesar issued this coin during his campaign against Pompey in Spain. It was propoganda on both a personal and professional level: the reverse showing two captives at the foot of a trophy promotes Caesar's victories, while the image of Venus on the obverse highlights claims that his family was descended from the goddess. (1967.83.777)

Page de gauche : République de Rome, deniers frappés à l'effigie de dieux et de déesses du panthéon romain

Dans le sens des aiguilles d'une montre, à partir du coin supérieur gauche : Minerve, 46 av. J.-C., Caius Considius Paetus (1965.3.342); Mercure, 82 av. J.-C., Caius Mamilius Limetanus (1974.151.1268); Diane, 74 av. J.-C., Caius Postumius (1974.151.1273); Neptune, 60 av. J.-C., Publius Plautius Hypsaeus (1974.151.1278)

Sous la République, les monnayeurs romains reproduisaient sur les pièces des scènes inspirées de la mythologie, des légendes et de leur propre histoire familiale. La Collection compte plusieurs centaines de spécimens datant de cette époque.

Ci-contre : République de Rome, Jules César, denier, 46-45 av. J.-C.

César émet cette pièce de monnaie durant sa campagne contre Pompée en Espagne. Il mène ainsi une propagande d'ordre à la fois personnel et politique : le revers, qui montre deux prisonniers au pied d'un trophée, sert à souligner ses victoires, tandis que l'image de Vénus, sur l'avers, exprime sa prétention à une filiation avec cette déesse. (1967.83.777)

Persia, Shapur I, drachm, 214–72 AD

A Zoroastrian fire altar, flanked by two attendants, is portrayed on the reverse of this Sassanian coin issued by Shapur I, renowned for his victory over the Roman Emperor Valerian. (2000.40.234)

Perse, Châhpuhr I**er**, drachme, 214-272

*Un autel du feu zoroastrien qu'encadrent deux personnages illustre le revers de cette pièce sassanide émise par Châhpuhr I*er*, célèbre pour sa victoire contre l'empereur romain Valérien.* (2000.40.234)

During the 4th century AD, representations of classical gods and goddesses on Roman coins gave way to symbols of Christianity, following the conversion of the Emperor Constantine. With the rise of Islam during the 7th century AD, Arab coins carried verses from the Koran rather than images of people and animals in deference to a strict interpretation of the scriptural prohibition against graven images. References to the sacred still appear on many contemporary notes and coins.

Au IVe siècle de notre ère, après que l'empereur Constantin se fut converti au christianisme, des symboles chrétiens se substituent aux images des divinités qu'arboraient jusque-là les pièces romaines. Au VIIe siècle, alors que l'islam prend son essor, des versets du Coran sont estampés sur la monnaie arabe à la place des représentations de personnages et d'animaux, marque d'une interprétation stricte des écritures, qui interdisent la gravure d'images figuratives. Aujourd'hui encore, on trouve sur beaucoup de pièces et de billets des signes inspirés du sacré.

Roman Empire, Magnentius, AE 2, 350–53 AD

The Chi-Rho, a monogram of the first two Greek letters in Christ's name, was a common Christian symbol during the late Roman Empire and often appears on the coinage of that period. (2000.40.214)

Empire romain, Magnence, AE 2, 350-353

Le chrisme, monogramme formé des deux premières lettres du nom du Christ en grec (chi et rho), est un symbole chrétien très répandu à la fin de l'Empire romain qui figure souvent sur les pièces de monnaie de l'époque. (2000.40.214)

Abbasid Caliphate of Baghdad, Harun al-Rashid, dirhem, 791–92 AD

The kalima, "There is no God but Allah and Muhammad is the messenger of Allah," a Muslim expression of faith, appears on early Umayyad and Abbasid coins, such as this piece issued by the famous caliph featured in the "Tales of a Thousand and One Nights." (2000.40.545)

Califat abbasside de Bagdad, Haroun al-Rachid, dirhem, 791-792

Profession de la foi islamique, le Credo « Il n'y a de dieu qu'Allah et Mahomet est son prophète » est inscrit sur les premières pièces omeyyades et abbassides, comme on peut le voir sur cette pièce émise par le calife que les contes des Mille et Une Nuits *ont rendu légendaire.* (2000.40.545)

The quality of money in circulation also attests to the economic vigour of the issuer. Poorly minted or debased coins suggest a society experiencing financial or political stress, while the sustained minting of coins of consistent purity is associated with flourishing economies.

The gold solidus, first introduced by the Emperor Constantine, was the principal monetary vehicle for trade throughout the Byzantine world for more than 700 years.

La qualité des espèces en circulation est aussi indicative de la santé économique de l'émetteur. Ainsi, des pièces de fabrication médiocre ou qui sont altérées dénotent des difficultés financières ou politiques, tandis qu'une monnaie métallique qui reste d'égale pureté sur une longue période est associée à une économie florissante.

Le solidus d'or, d'abord mis en circulation sous Constantin, demeurera la principale monnaie d'échange dans l'Empire byzantin pendant plus de 700 ans.

Byzantium, Justin II, solidus, 565–78 AD

This coin, showing a facing bust of the emperor in military dress, was introduced during the reign of Justinian the Great and remained virtually unchanged for centuries. (1965.106.1)

Byzance, Justin II, solidus, 565-578

Cette pièce, montrant un buste de face de l'empereur en tenue militaire, a été lancée à l'époque de Justinien le Grand et est restée quasi identique pendant des siècles. (1965.106.1)

The silver penny, minted by King Offa of Mercia during the 8th century, was widely copied in Europe and became the standard coin of the medieval Anglo-Saxon world.

Le penny d'argent, frappé par le roi Offa de Mercie au VIIIe siècle, est copié partout en Europe et devient l'étalon monétaire du monde médiéval anglo-saxon.

England, Edward the Confessor, penny, 1062–65

Minted at York, this coin, bearing a facing bust of the king, was one of the last issued during his reign. (1974.151.430)

Angleterre, Édouard le Confesseur, penny, 1062-1065

Frappée dans l'atelier monétaire d'York, cette pièce sur laquelle figure un portrait de face du souverain est l'une des dernières émises sous le règne de celui-ci. (1974.151.430)

England, William I, penny, c. 1083–86

Upon conquering England, William adopted the superior standard of Anglo-Saxon coins, improving their weight for his own issues. Called the PAX penny, after the Latin word for peace appearing on the coin's reverse, this coin is thought to be among the last of William's issues or the first issued by his successor, William Rufus. (1966.98.103)

Angleterre, Guillaume Ier, penny, vers 1083-1086

Guillaume, après avoir conquis l'Angleterre, adopte le titre supérieur des pièces anglo-saxonnes et améliore le poids de celles-ci en vue de ses propres émissions. Appelée penny « PAX », d'après le mot latin signifiant « paix » qui figure sur le revers, cette pièce serait l'une des dernières émissions de Guillaume ou la première de son successeur, Guillaume Rufus. (1966.98.103)

The gold ducats of Venice and Florence, the great Italian city states, dominated financial transactions during the Renaissance. During the 18th century, the Spanish real was the principal measure of exchange throughout much of the world, and became the template for the U.S. and Canadian dollars.[1] The British sovereign dominated the world's commercial transactions during the 19th century.

Le ducat d'or des grandes cités-États italiennes de Venise et de Florence domine les transactions financières pendant la Renaissance. Au XVIIIe siècle, le réal espagnol est le principal moyen d'échange dans une bonne partie du monde et servira de modèle aux dollars américain et canadien[1]. Au XIXe siècle, ce sera au tour du souverain britannique de présider aux transactions commerciales du globe.

Florence, ducat, 1252–1422

The design of this coin, a stylized flower indicative of the city's name, remained virtually unchanged for almost two hundred years. (1961.7.2)

Florence, ducat, 1252-1422

Le motif qui orne cette pièce est composé d'une fleur stylisée évoquant le nom de la ville. Il est resté essentiellement le même pendant près de deux siècles. (1961.7.2)

Venice, Antonio Veniero, ducat, 1382–1400

Duke or "Doge" Antonio Veniero, the ruler of Venice, is shown kneeling before St. Mark, the city's patron saint. (1979.86.1)

Venise, Antonio Veniero, ducat, 1382-1400

Premier magistrat de Venise, le doge Antonio Veniero est représenté à genoux devant saint Marc, patron de la cité. (1979.86.1)

Mexico, 8 reals (the Spanish dollar), 1779

This large silver Spanish colonial coin, featuring the bust of King Charles III, circulated as far afield as China. In some countries, such as India and England, it was overstruck to produce domestic coinage. (1974.151.2845)

Mexique, pièce de 8 réaux, ou « piastre espagnole », 1779

Cette grosse pièce d'argent, ornée de l'effigie de Charles III, était destinée aux colonies espagnoles, mais a circulé jusqu'en Chine. Dans certains pays, comme en Inde et en Angleterre, on la surfrappait afin de produire des pièces nationales. (1974.151.2845)

Great Britain, sovereign, 1817

The image of St. George and the Dragon, which appears on the reverse, was engraved by the famous Italian medallist Benedetto Pistrucci, who later became Chief Medallist (1825–55) at the Royal Mint in London. (1977.127.19)

Grande-Bretagne, souverain, 1817

L'image de saint Georges terrassant le dragon, que l'on voit au revers de la pièce, est l'œuvre de Benedetto Pistrucci, un célèbre médailleur italien qui deviendra médailleur en chef (1825-1855) à la Monnaie royale de Londres. (1977.127.19)

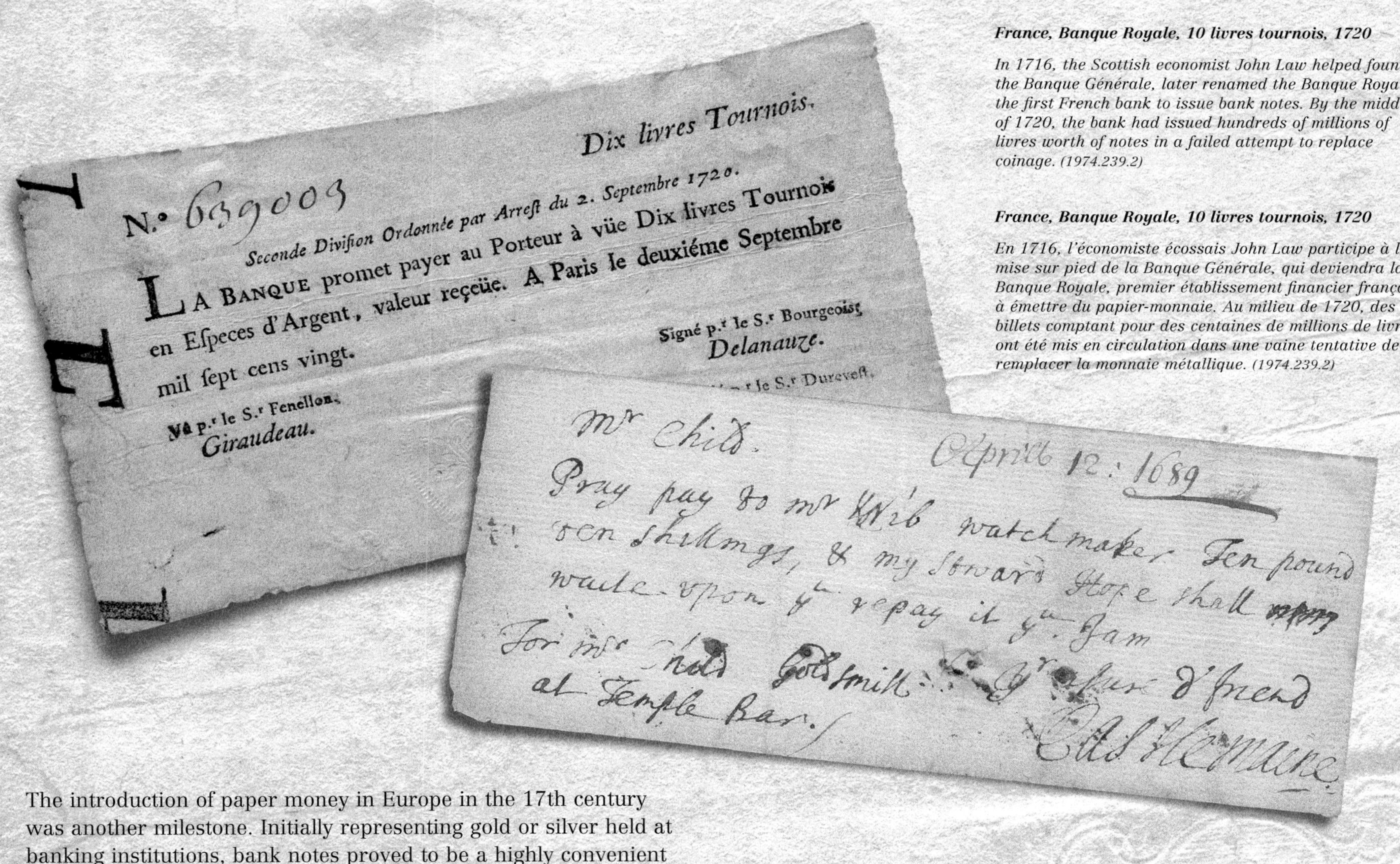

France, Banque Royale, 10 livres tournois, 1720

In 1716, the Scottish economist John Law helped found the Banque Générale, later renamed the Banque Royale, the first French bank to issue bank notes. By the middle of 1720, the bank had issued hundreds of millions of livres worth of notes in a failed attempt to replace coinage. (1974.239.2)

France, Banque Royale, 10 livres tournois, 1720

En 1716, l'économiste écossais John Law participe à la mise sur pied de la Banque Générale, qui deviendra la Banque Royale, premier établissement financier français à émettre du papier-monnaie. Au milieu de 1720, des billets comptant pour des centaines de millions de livres ont été mis en circulation dans une vaine tentative de remplacer la monnaie métallique. (1974.239.2)

The introduction of paper money in Europe in the 17th century was another milestone. Initially representing gold or silver held at banking institutions, bank notes proved to be a highly convenient and cost-effective means of payment and, over time, largely replaced coins for higher-value transactions.

Une ère nouvelle s'amorce avec l'avènement du papier-monnaie en Europe au XVIIe siècle. Représentatifs à l'origine de l'or et de l'argent détenus par les institutions bancaires, les billets se révèlent un mode de règlement si pratique et économique qu'ils supplantent progressivement les pièces de monnaie pour les transactions de grande valeur.

England, goldsmith's note, £10, 10 shillings, 1689

Prior to the establishment of the Bank of England in 1694, notes payable by goldsmiths in London and other prominent English cities served as a form of payment throughout the country. (1963.48.40)

Angleterre, billet d'orfèvre, 10 livres 10 shillings, 1689

Avant la création de la Banque d'Angleterre en 1694, les billets remboursables par les orfèvres de Londres et d'autres grandes villes anglaises constituaient un moyen de paiement accepté partout au pays. (1963.48.40)

Paper money also provided the issuer with a much larger canvas for communication with the public. In addition to images and words that identified the issuer, allegorical figures and scenes portraying industry, commerce, and trade became popular themes for bank notes, particularly after the Industrial Revolution.

La monnaie de papier a par ailleurs l'avantage d'offrir aux autorités émettrices une surface beaucoup plus grande pour communiquer avec les citoyens : outre les mots et les images emblématiques de l'émetteur, les scènes et les personnages allégoriques évocateurs de l'industrie et du commerce deviennent des thèmes courants des billets de banque, notamment après la révolution industrielle.

Canada, The Bank of Saskatchewan, $5, 1913, specimen

Prior to 1945, Canada's chartered banks issued their own bank notes. Issues often incorporated images of economic strength and progress, such as steam engines or transatlantic steamships. (1974.169.44)

Canada, The Bank of Saskatchewan, spécimen d'un billet de 5 dollars, 1913

Jusqu'en 1945, les banques canadiennes étaient autorisées à émettre leurs propres billets, lesquels étaient souvent illustrés de dessins de locomotives et de transatlantiques à vapeur, qui évoquaient le dynamisme et le progrès économiques. (1974.169.44)

Canada, Canadian Bank of Commerce, $5, 1892, overprinted "Yukon"

The Canadian Bank of Commerce provided financial services to thousands of prospectors during the Klondike gold rush of 1898. Given the uncertainties and dangers of travel in the region, the bank marked each shipment of notes with a different coloured overprint to identify any notes lost or stolen in transit. (1989.29.67)

Canada, Banque Canadienne de Commerce, billet de 5 dollars avec le mot « Yukon » en surcharge, 1892

La Banque Canadienne de Commerce fournit des services financiers à des milliers de prospecteurs durant la ruée vers l'or du Klondike en 1898. Vu les incertitudes et les dangers associés aux déplacements dans la région, la Banque marque chaque chargement de billets d'une surcharge de couleur différente afin de pouvoir identifier tout billet perdu ou volé pendant le transport. (1989.29.67)

During the 20th century, distinctive notes and coins featuring national symbols were a priority for newly independent countries around the world seeking to express their sovereignty. Images on coins and bank notes continue to reflect society's values and project a sense of national pride, as well as linking the present to the past.

Au XXe siècle, l'émission de pièces et de billets distinctifs et porteurs de symboles nationaux revêt une importance de premier plan pour les États nouvellement indépendants qui souhaitent exprimer leur souveraineté. Encore à notre époque, les images qui embellissent les pièces de monnaie et les billets de banque véhiculent les valeurs d'une société et proclament la fierté du peuple, tout en reliant le présent au passé.

India, 5 paise, 1970

Since gaining independence in 1948, India has regularly featured its national symbol, the Sarnath Lion Capital of Ashoka, on its coins and notes. The lion capital topped one of several pillars erected throughout the northern Indian subcontinent, about 250 AD, by the Mauryan King Ashoka. (1972.187.36)

Inde, pièce de 5 paise, 1970

Depuis son indépendance en 1948, l'Inde illustre régulièrement ses pièces et ses billets de son emblème national, le chapiteau aux lions d'Ashoka, à Sarnath. Celui-ci couronnait l'un des piliers érigés dans le nord du sous-continent indien, vers 250, par le roi mauryen Ashoka. (1972.187.36)

Ukraine, 500 griven, 1918

The trident, a centuries-old state and religious symbol in the Ukraine, is part of the state arms today, and has appeared on Ukrainian bank notes since the early 20th century. (1966.131.641)

Ukraine, billet de 500 griven, 1918

Les Ukrainiens se servent du trident comme symbole national et religieux depuis des centaines d'années. Aujourd'hui, il fait partie des armoiries de l'État et, depuis le début du XXe siècle, figure fréquemment sur les billets de banque du pays. (1966.131.641)

Guatemala, 100 pesos, 1920

Guatemala's national bird, the quetzal, appears in Mayan legends. It is portrayed on the nation's flag and coat of arms and, since 1924, has lent its name to the nation's currency unit. (1979.175.33)

Guatemala, billet de 100 pesos, 1920

Oiseau national du Guatemala, le quetzal figure dans les légendes des Indiens mayas. Il orne le drapeau et les armoiries du pays et a donné son nom en 1924 à l'unité monétaire guatémaltèque. (1979.175.33)

***Ireland, Elizabeth I, shilling, 1561** (1965.3.169)*
***Ireland, George III, gilt proof penny, 1805** (1966.98.2333)*
***Ireland, florin, 1928** (1966.98.510)*
***Ireland, 2 euros, 2002** (2002.12.127)*

Although its appearance has changed over the years, the harp, a national symbol of Ireland, has been depicted on Irish coins since the 16th century. The current version is based on a 14th-century harp, known as the harp of Brian Boru, housed in Trinity College, Dublin.

***Irlande, Elizabeth Ire, shilling, 1561** (1965.3.169)*
***Irlande, George III, penny doré, épreuve numismatique, 1805** (1966.98.2333)*
***Irlande, florin, 1928** (1966.98.510)*
***Irlande, pièce de 2 euros, 2002** (2002.12.127)*

Symbole national de l'Irlande, la harpe, dont la forme a évolué au fil des ans, est représentée sur les pièces irlandaises depuis le XVIe siècle. Le modèle actuel s'inspire d'une harpe du XIVe siècle, dite « harpe de Brian Boru », qui se trouve au Trinity College de Dublin.

Victoria, mature profile
Victoria, souveraine d'âge mûr, profil (1962.6.60)

George V (1962.6.78)

Canada, coinage, obverse designs

Portraits of Canada's reigning monarch have traditionally been featured on Canadian coinage.

Canada, pièces de monnaie, motifs de l'avers

Les pièces canadiennes sont frappées à l'effigie du monarque régnant.

George VI (1966.136.5263)

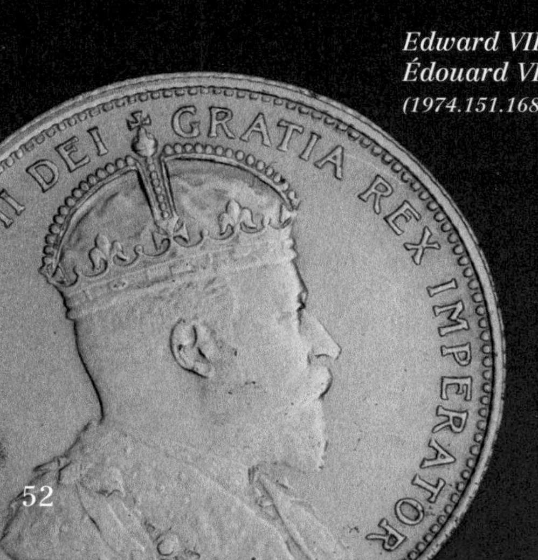

Edward VII
Édouard VII (1974.151.168)

Elizabeth II (Gillick bust)
Elizabeth II (buste réalisé par Gillick) (1962.6.321)

Canada, coinage, reverse designs

Issued in 1949, when Newfoundland entered Confederation, this silver dollar (bottom right) features explorer John Cabot's ship, the "Matthew." Many of the designs on our coinage today were introduced in 1937 to give them a more Canadian dimension. This approach continues with such recent additions as the loon (1987) and the polar bear (1996).

Canada, pièces de monnaie, motifs du revers

Ce dollar d'argent (en bas, à droite) a été lancé en 1949 pour marquer l'entrée de Terre-Neuve dans la Confédération. Le navire de l'explorateur Jean Cabot, le Matthew, *y est reproduit. Bon nombre des motifs ornant les pièces de monnaie actuelles remontent à 1937 et visaient à souligner le caractère canadien de la monnaie. Dans un même esprit, le huard et l'ours polaire ont été retenus pour les pièces créées en 1987 et en 1996, respectivement.*

Schooner, the Bluenose
Goélette le Bluenose *(1996.31.15)*

Beaver
Castor
(1996.31.11)

Maple leaves
Feuilles d'érable
(1996.31.10)

Caribou
(1996.31.14)

The Matthew
Le Matthew
(1964.30.1)

One Shilling.
'Tis Death to counterfeit.
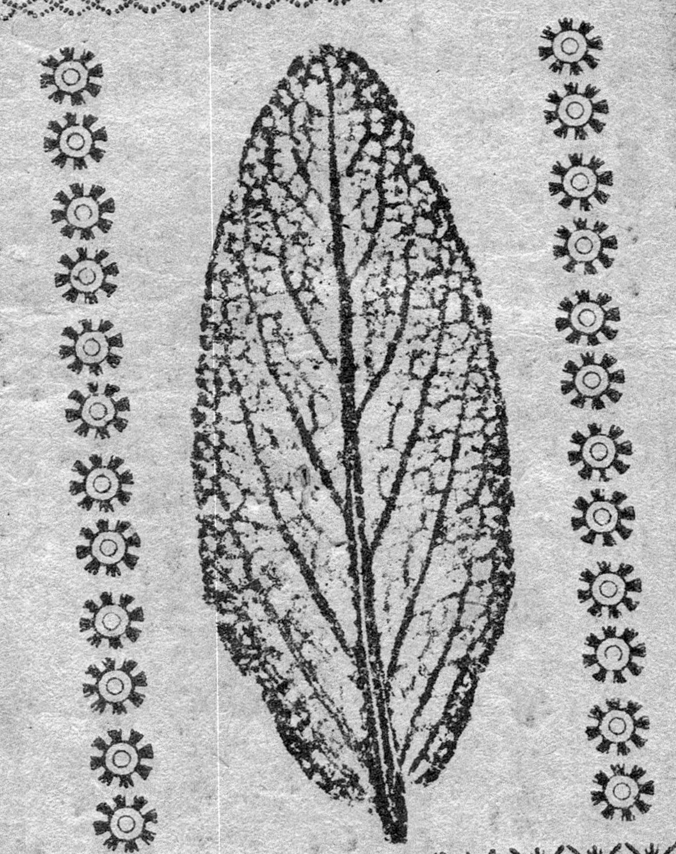
BURLINGTON in NEW-JERSEY,
Printed by Isaac Collins, 1776.

4

MONEY TROUBLES

People seek to acquire money not for itself but to exchange it for desired goods and services, now or in the future. Consequently, they must be confident that the object being used as money is widely accepted by others and that it will retain its purchasing power over time. While having more money can benefit an individual, too much money in circulation relative to the supply of goods and services will lead to rising prices—inflation. Conversely, too little money in circulation will lead to falling prices—deflation. Both persistent inflation and persistent deflation can undermine the effective functioning of the economy, leading, in some cases, to considerable financial hardship.

PROBLÈMES D'ARGENT

Si les gens cherchent à amasser de l'argent, ce n'est pas pour sa valeur intrinsèque, mais plutôt pour pouvoir l'échanger contre les biens et les services qu'ils désirent, que ce soit maintenant ou plus tard. Par conséquent, ils doivent avoir l'assurance que l'objet servant de monnaie est largement accepté par les autres et qu'il conservera son pouvoir d'achat au fil du temps. Bien que l'accumulation de la richesse puisse être avantageuse sur le plan personnel, une quantité excessive d'argent en circulation, par rapport à l'offre de biens et de services, a pour effet de faire grimper les prix : c'est ce qu'on appelle l'inflation. À l'inverse, une masse monétaire insuffisante entraîne une baisse des prix : c'est la déflation. Dans un cas comme dans l'autre, la persistance du problème finit par nuire au fonctionnement efficace de l'économie et peut même provoquer de graves difficultés financières.

(Opposite) United States, New Jersey, 1 shilling, 1776, "'Tis Death to counterfeit"

Counterfeiters beware! As this note attests, counterfeiting money was once a capital crime in North America. (1965.136.6707)

(Above) Canada, halfpenny token, 1813, "Pure Copper Preferable to Paper"

The legend on this early 19th-century token reflects the public's distrust of paper money. (1964.43.472)

Ci-contre : États-Unis, New Jersey, billet de 1 shilling, « 'Tis Death to counterfeit » (La contrefaçon est punissable de mort), 1776

Que les faux-monnayeurs se le tiennent pour dit : comme le proclame ce billet, la contrefaçon était jadis un crime passible de la peine de mort en Amérique du Nord. (1965.136.6707)

Ci-dessus : Canada, jeton de un demi-penny, « Pure Copper Preferable to Paper » (Du cuivre pur plutôt que du papier), 1813

L'inscription que porte ce jeton du début du XIXe siècle traduit la méfiance de la population à l'égard du papier-monnaie. (1964.43.472)

Civilizations have experienced many inflationary episodes throughout history. During the last centuries of the Roman Empire, successive emperors increased the money supply by progressively reducing the silver content of coins in an attempt to finance the cost of wars and imperial excesses. This led to rampant inflation and economic chaos. Cash-strapped medieval monarchs also debased their coinage.

(Left to right) Rome, Caracalla, antoninianus, 216–17 AD *(2007.20.1);* ***Rome, Gallienus, antoninianus, 253–60 AD*** *(1965.136.4965);* ***Rome, Gallienus, antoninianus, 260–68 AD*** *(1974.151.1391)*

Originally containing more than 50 per cent silver and weighing 5 grams when issued under Emperor Caracalla, the fineness and weight of the 2-denarii piece were reduced over 50 years to 2.5 per cent silver and a little more than 3.5 grams by the end of the reign of Gallienus.

Au cours de l'histoire, toutes les civilisations ont connu à maintes reprises des poussées inflationnistes. Au crépuscule de l'Empire romain, pour compenser le coût de leurs excès et des guerres impériales, les empereurs accroissent tour à tour le stock de monnaie en réduisant progressivement la teneur en argent des pièces émises, ce qui ouvre la porte à une inflation galopante et au chaos économique. Au Moyen Âge, les monarques à court d'argent altèrent eux aussi leur monnaie afin de renflouer leurs caisses.

De gauche à droite : Rome, Caracalla, antoninien, 216-217 *(2007.20.1);* ***Rome, Gallien, antoninien, 253-260*** *(1965.136.4965);* ***Rome, Gallien, antoninien, 260-268*** *(1974.151.1391)*

Les premières pièces de 2 deniers frappées sous l'empereur Caracalla contiennent plus de 50 % d'argent et pèsent 5 grammes; elles perdront cependant en finesse et en poids au cours des 50 années suivantes, si bien qu'à la fin du règne de Gallien, leur contenu argentifère est à peine de 2,5 %, et leur poids, guère plus de 3,5 grammes.

During the 17th century, Spain and, to a lesser extent, the rest of Europe experienced persistent inflation owing to an influx of precious metals from Central and South America. To the puzzlement of many, increased stocks of gold and silver did not bring increased prosperity.

Au XVIIe siècle, l'Espagne et, dans une moindre mesure, le reste de l'Europe sont la proie d'une inflation persistante imputable à l'afflux de métaux précieux provenant d'Amérique centrale et d'Amérique du Sud. Contrairement aux attentes générales, l'augmentation des réserves d'or et d'argent ne se traduit pas par une prospérité accrue.

(Above) Mexico, Philip II, 4 reals, 1556–98 *(1977.164.46)*
(Right) Colombia, Philip IV or Charles II, 2 escudos, 1660–69 *(2006.30.1)*

The Spanish established mints throughout Central and South America, using the enormous quantity of precious metal discovered in the New World.

À gauche : Mexique, Philippe II, pièce de 4 réaux, 1556-1598 *(1977.164.46)*
Ci-dessus : Colombie, Philippe IV ou Charles II, pièce de 2 escudos, 1660-1669 *(2006.30.1)*

Afin de tirer profit des quantités phénoménales de métaux précieux qu'ils ont découvertes dans le Nouveau Monde, les Espagnols établissent des ateliers monétaires partout en Amérique centrale et en Amérique du Sud.

Money shortages have also occurred from time to time, leading to innovative solutions. Paper money was initially issued by the colonial authorities in New France during the 17th century as a temporary measure to relieve a coin shortage.

Parfois, la monnaie vient à manquer, et les gens font alors preuve d'une fertile ingéniosité. C'est ainsi que la monnaie de papier a d'abord été utilisée par les autorités coloniales de la Nouvelle-France, au XVIIe siècle, pour pallier le manque de pièces métalliques.

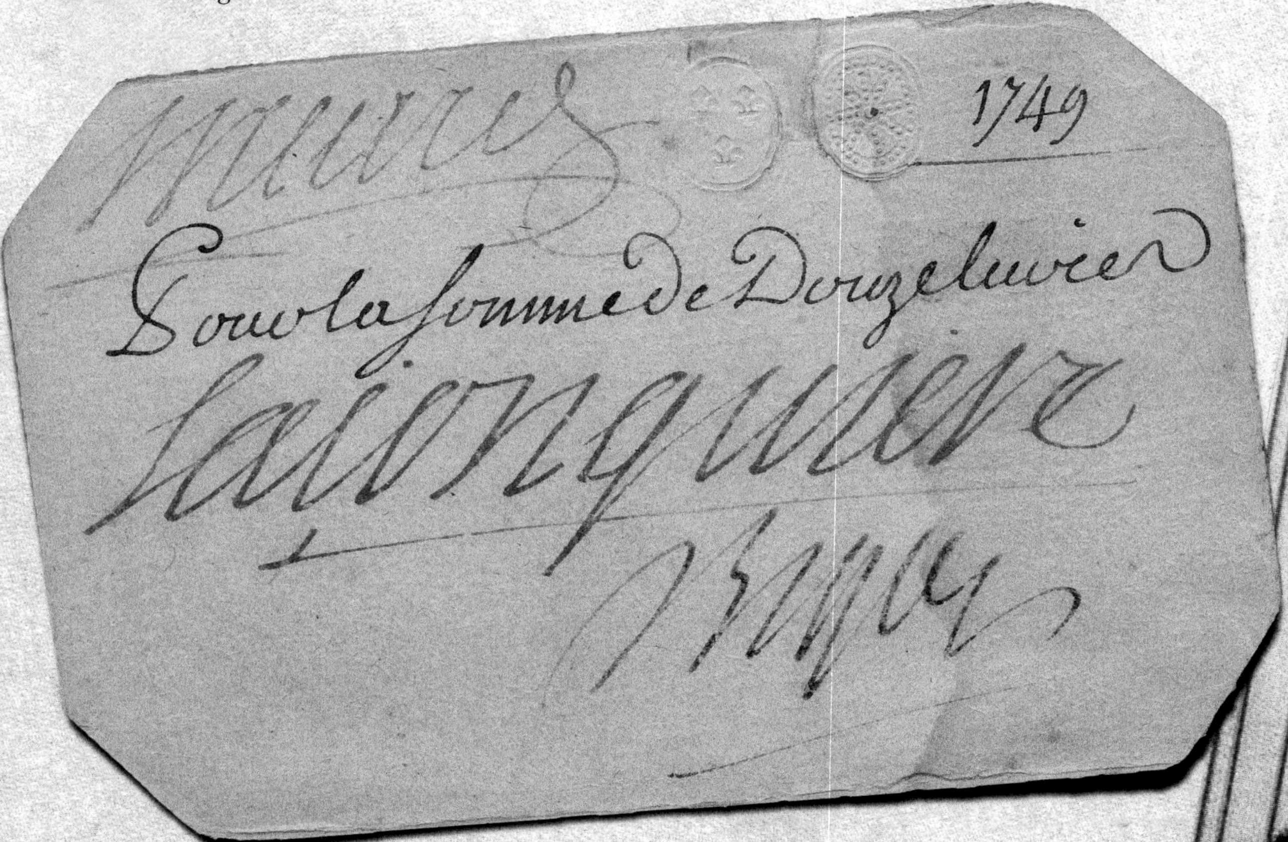

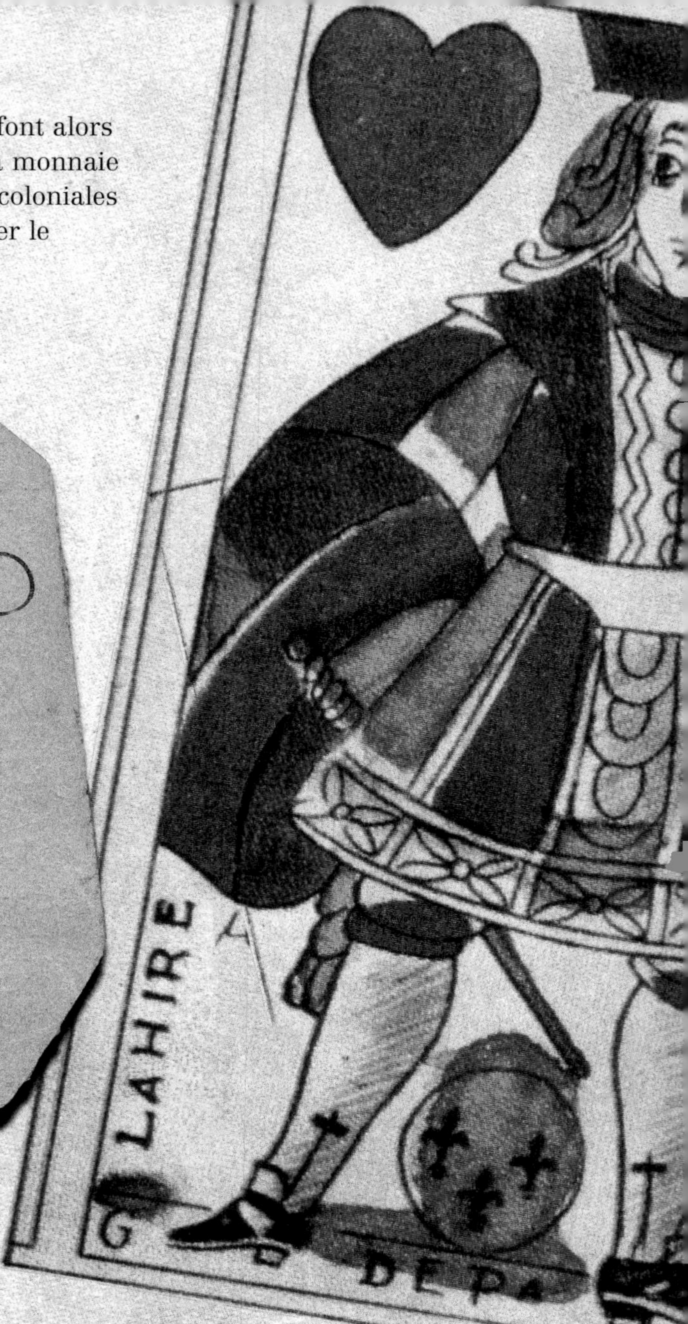

Canada, French Regime, card money, 12 livres, 1749

Short of funds to pay his troops, Intendant De Meulles created Canada's first paper money in 1685 by writing his name and a value on playing cards. Although they met with royal disapproval, these cards were popular among Canada's early French settlers. (1971.7.10)

Canada, Régime français, monnaie de carte, 12 livres, 1749

En 1685, l'intendant De Meulles, manquant de numéraire pour payer ses troupes, invente la première monnaie de papier canadienne en signant son nom sur des cartes à jouer auxquelles il attribue en même temps une valeur. Si cette monnaie de carte ne gagne pas la faveur du monarque, elle est cependant bien accueillie par les premiers Français venus s'établir au Canada. (1971.7.10)

Sometimes, coins were cut up to make small change. In other cases, substitutes appeared. During the 18th and 19th centuries, copper tokens issued by banks and merchants circulated freely in Canada, alongside various foreign coins and private issues of paper scrip.

Il arrive parfois que l'on coupe des pièces pour faire de la petite monnaie. Dans d'autres cas, des substituts font leur apparition. Au XVIIIe et au XIXe siècle, des jetons de cuivre émis par des banquiers et des marchands circulent librement au Canada, tout comme diverses monnaies étrangères et du papier-monnaie émanant de particuliers.

St. Lucia, 4 escalins (1/4 dollar), c. 1800

Colonial governments in the West Indies addressed the shortage of small change by authorizing the cutting and counterstamping of "Spanish dollars," a popular term for large 8-real silver pieces issued by the colonial mints of Hispano-America. (1967.31.12)

Sainte-Lucie, pièce de 4 escalins (quart de piastre), vers 1800

Pour parer au manque de petite monnaie, les gouvernements des colonies antillaises permettent qu'on fractionne les « piastres espagnoles » – nom donné par le peuple aux grosses pièces d'argent de 8 réaux frappées dans les ateliers monétaires des colonies hispano-américaines – et qu'on y appose une contremarque. (1967.31.12)

Canada, Prince Edward Island, 5 shillings, 1813

In 1813, PEI tried, unsuccessfully, to prevent coins from leaving the island by raising the value of Spanish dollars by 20 per cent. This involved punching holes in the centre of 1,000 coins and countermarking both the rings and cores with a distinguishing device, and revaluing the components at 5 shillings and one shilling, respectively. (1969.225.2)

Canada, Île-du-Prince-Édouard, pièce de 5 shillings, 1813

En 1813, les autorités de l'Île-du-Prince-Édouard tentent, sans succès, d'empêcher les pièces de monnaie de quitter l'île en majorant de 20 % la valeur de 1 000 piastres espagnoles. Pour ce faire, les pièces sont percées en leur centre, une contremarque est apposée au poinçon tant sur l'anneau que sur le disque résultant, et la valeur de 5 shillings et 1 shilling, respectivement, leur est attribuée. (1969.225.2)

Canada, Bank of Upper Canada, 1-penny token, 1850

Several Canadian banks sought to alleviate coin shortages by petitioning the colonial legislature for the right to issue copper half-penny and penny tokens. The Bank of Upper Canada, based in Toronto, issued tokens in 1850, 1852, 1854, and 1857. *(1966.160.1405)*

Canada, Bank of Upper Canada, jeton de 1 penny, 1850

Plusieurs banques canadiennes ont cherché à parer au manque de monnaie métallique en déposant une requête auprès du parlement colonial afin d'obtenir le droit de frapper des jetons de cuivre de un demi-penny et de un penny. La Bank of Upper Canada, établie à Toronto, a ainsi émis des jetons en 1850, 1852, 1854 et 1857. *(1966.160.1405)*

Canada, Montréal Militia button (halfpenny token), c. 1830

The chronic shortage of small change in early 19th-century Canada prompted people to create their own money. For example, flattened metal buttons were passed off as halfpennies. (1966.141.7)

Canada, bouton d'uniforme de la milice de Montréal (jeton de un demi-penny), vers 1830

La pénurie chronique de menue monnaie au début du XIXe siècle incite la population canadienne à fabriquer ses propres pièces. Par exemple, une fois aplatis, ces boutons de métal passaient pour des demi-pennies. (1966.141.7)

Canada, Canada West, Gilbert Thompson, ring money, c. 1840

During the 1830s and 1840s, Thompson, a dry goods merchant in North Gower, a village south of Ottawa, used rings made from scrap metal by the local blacksmith to make change for his customers. (1970.170.1)

Canada, Canada-Ouest, Gilbert Thompson, monnaie-anneau, vers 1840

Durant les années 1830 et 1840, Gilbert Thompson, un mercier de North Gower, au sud d'Ottawa, utilisait des anneaux fabriqués avec de la ferraille par le forgeron du village pour rendre la monnaie à ses clients. (1970.170.1)

Canada, Montréal, T. S. Brown, halfpenny token, 1836

Some Canadian merchants, following the example of their colleagues in late 18th- and early 19th-century England, issued private tokens through their stores. Hardware merchant T. S. Brown, famous for his support of the "patriotes" during the Lower Canada rebellion, was known as "Copper Tommy" because of his tokens. (1968.1.53)

Canada, Montréal, T. S. Brown, jeton de un demi-penny, 1836

Des marchands canadiens, imitant leurs homologues britanniques de la fin du XVIIIe siècle et du début du siècle suivant, se servent de leurs commerces pour mettre en circulation leur propre monnaie. Les jetons du quincaillier T. S. Brown, lequel est entré dans l'histoire en raison de l'appui qu'il a accordé à la cause des Patriotes pendant la rébellion du Bas-Canada, lui ont valu le surnom de « Copper Tommy ». (1968.1.53)

Canada, Montréal, John Hautson, one-loaf ticket, c. 1840

Hautson operated a wood yard on St. Mary Street. The tickets that bear his name were made out of playing cards, possibly for use in a bakery on the premises. (1977.168.15)

Canada, Montréal, John Hautson, billet échangeable contre un pain, vers 1840

John Hautson exploitait un dépôt de bois, rue Sainte-Marie. Les billets portant son nom, faits à partir de cartes à jouer, servaient sans doute de monnaie d'échange dans la boulangerie située sur place. (1977.168.15)

Canada, Prince Edward Island, William Fitzpatrick, 2 shillings, 6 pence, 1836

The shortage of hard cash during the colonial period led to many unusual currency expedients. Charlottetown shoemaker, William Fitzpatrick, issued notes made of leather. They were redeemable only in quantities of four notes and then only for provincial treasury notes. This note is unique. (1966.69.1)

Canada, Île-du-Prince-Édouard, William Fitzpatrick, billet de 2 shillings 6 pence, 1836

Le manque d'espèces sonnantes pendant la période coloniale donne naissance à des instruments monétaires inhabituels, comme ces billets de cuir fabriqués par un cordonnier de Charlottetown, William Fitzpatrick. Ceux-ci ne sont échangeables qu'en lots de quatre, et encore, seulement contre des billets du Trésor provincial. La pièce présentée ici est unique. (1966.69.1)

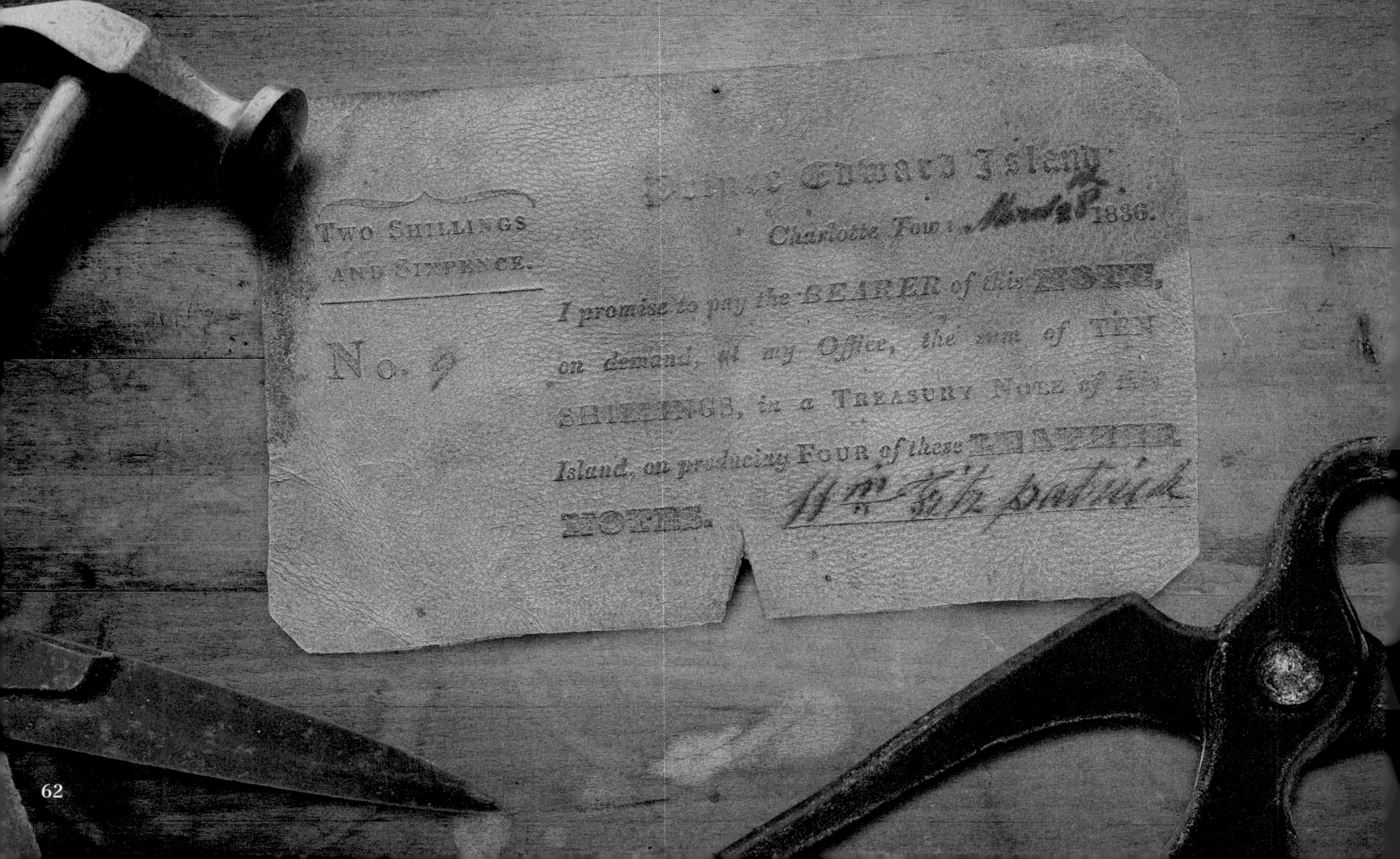

Canada, Canada East, Price Brothers, 7 ½ pence, 1850

During the 19th century, some Canadian firms with operations in isolated areas paid their workers in private currency, redeemable only at the company store. Price Brothers used such scrip from the late 1840s through the 1860s to pay workers in their extensive lumbering operations along the Petit-Saguenay River in Quebec. (1971.101.221)

Canada, Canada-Est, Price Brothers, billet de 7 pence et demi, 1850

Au XIXe siècle, les employés de certaines entreprises canadiennes établies dans des endroits reculés sont rémunérés en billets privés qu'ils ne peuvent échanger que dans le magasin de la compagnie. De la fin des années 1840 aux années 1860, c'est notamment le cas des travailleurs des grands chantiers forestiers que la Price Brothers exploite le long de la rivière Petit-Saguenay, au Québec. (1971.101.221)

Canada, Quebec, Thos. Ferguson scrip, 2 shillings, 1788

In late 18th-century Canada, the coin shortage was partially solved by private issues of paper scrip, popularly called "bons" meaning "good for." (1971.115.68)

Canada, Québec, billet de Thomas Ferguson, 2 shillings, 1788

L'émission de billets privés (aussi appelés « bons », signifiant ainsi qu'ils étaient « bons pour ») remédie partiellement à la pénurie de pièces qui sévit au Canada à la fin du XVIIIe siècle. (1971.115.68)

During the Great Depression, many Canadian municipalities introduced low-value notes redeemable for food, fuel, or shelter in an attempt to help the poor and destitute.

Durant la Grande Dépression, de nombreuses municipalités canadiennes mettent en circulation des billets de faible valeur remboursables contre de la nourriture, du carburant ou un abri, afin d'aider les plus démunis.

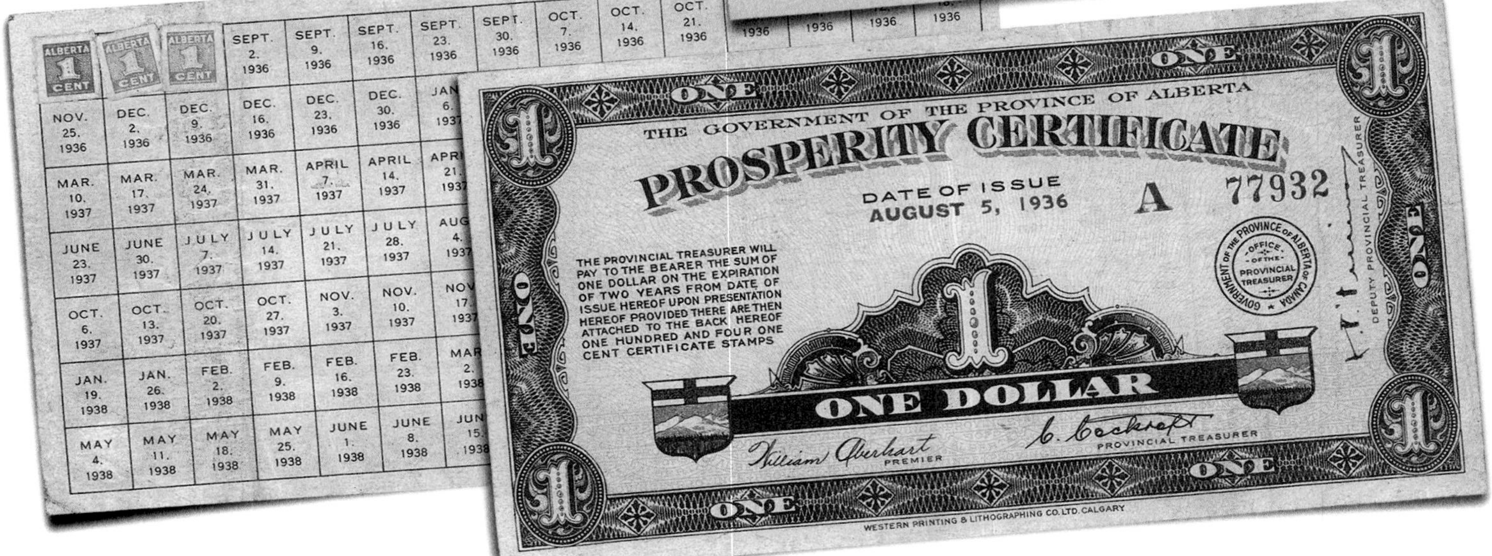

(Above) Canada, Alberta, $1 prosperity certificate

In 1936, the Social Credit government, under the leadership of William Aberhart, issued prosperity certificates to help pay workers on public works projects. To encourage circulation, holders had to put a 1-cent stamp on the back of the certificate each week for it to maintain its value. Called "funny money," the certificates were not well received and were quickly withdrawn from circulation. (1974.273.1)

Ci-dessus : Canada, Alberta, certificat de crédit de 1 dollar

En 1936, le gouvernement du Crédit social que dirige William Aberhart remet des certificats de crédit en guise de rémunération aux ouvriers affectés aux projets de travaux publics. Pour en stimuler la circulation, les détenteurs doivent apposer chaque semaine un timbre de 1 cent au verso du certificat pour que celui-ci conserve sa valeur. Mal accueillis par la population, pour qui il s'agit d'une « monnaie de singe », ces certificats sont rapidement retirés de la circulation. (1974.273.1)

(Top) Canada, Depression scrip, Quebec, Chicoutimi, 5 cents, 1936

Few examples of Depression scrip exist today, a testament to the need for it at the time of issue, as well as to the desire of holders not to retain mementos of this difficult period in their lives. (1964.88.705)

En haut : Canada, Québec, Chicoutimi, bon de la Crise, 5 cents, 1936

Il reste aujourd'hui peu de spécimens des monnaies provisoires mises en circulation pendant la Grande Dépression, ce qui reflète à la fois combien celles-ci étaient nécessaires au moment de leur émission et à quel point les gens n'ont eu aucun désir de conserver un souvenir tangible de cette période éprouvante. (1964.88.705)

Coin shortages still occur from time to time when the metal value of coins exceeds their face value, inducing people to withdraw coins from circulation and melt them down. While a source of inconvenience for merchants and customers, such shortages do not usually constitute a major monetary problem and are usually quickly rectified by coin-issuing authorities.

De nos jours, des pénuries surviennent encore sporadiquement, lorsque la valeur du métal dépasse la valeur nominale des pièces et que certains retirent celles-ci de la circulation pour les fondre. Si la rareté des pièces présente des inconvénients pour les commerçants et les consommateurs, elle ne constitue généralement pas un problème monétaire grave, et les autorités émettrices y remédient d'ordinaire assez rapidement.

Canada, 25 cents, 1968, silver (left) *(1969.103.5)* ***and nickel (right)*** *(1969.103.6)*

In 1968, the rising price of silver prompted the Canadian government to substitute nickel for silver in its coinage. The silver used in 10- and 25-cent pieces was first reduced from .800 fine to .500 fine and was then replaced altogether by 100 per cent nickel.

Canada, pièces de 25 cents, 1968, argent (à gauche) *(1969.103.5)* ***et nickel (à droite)*** *(1969.103.6)*

En 1968, la hausse du prix de l'argent incite les autorités canadiennes à remplacer ce métal par du nickel pour la fabrication des pièces de monnaie. C'est ainsi que l'on ramènera d'abord le titre d'argent des pièces de 10 et de 25 cents de 80 à 50 %, avant de passer au nickel pur.

Canada, 50 cents, silver, 1966 (left) *(1966.154.17)* ***and nickel, 1968 (right)*** *(1987.67.11)*

In addition to substituting nickel for silver in the production of its 50-cent and $1 coins, Canada reduced the size of these coins in 1968, prompting public fears of confusion between the new 50-cent nickel pieces and old 25-cent silver coins.

Canada, pièces de 50 cents, argent, 1966 (à gauche) *(1966.154.17)* ***et nickel, 1968 (à droite)*** *(1987.67.11)*

Outre la substitution du nickel à l'argent dans la composition des pièces de 50 cents et de 1 dollar, les dimensions de celles-ci sont réduites en 1968, ce qui inquiète la population, qui craint de confondre la nouvelle pièce de 50 cents avec l'ancienne pièce de 25 cents en argent.

48 COLONIES 1753

Dépenſes générales.

N° 9441

IL ſera tenu compte par le Roi, au mois d'octobre prochain, de la ſomme de Quarante huit livres valeur en la ſoûmiſſion du Tréſorier, reſtée au bureau du contrôle.

A Québec, le Janvier 1753

The invention of paper money offered new scope for monetary abuse and inflation. Initially, paper money was accepted because issuers—private banks and governments—committed to the conversion of their notes into gold on demand. But during times of financial stress, this commitment was sometimes withdrawn, leading to the overissuance of currency and subsequent inflation.

During the 19th century, phantom banks in North America circulated worthless notes to the unsuspecting. Established in remote areas or at a distance from the circulating notes to deter note holders from redeeming notes for gold, such banks were backed by little or no capital.

L'invention du papier-monnaie donne une nouvelle envergure à l'inflation et aux abus de toutes sortes. Si les billets s'imposent à l'origine, c'est parce que les émetteurs – en l'occurrence des banques privées et l'État – s'engagent à les convertir en or sur demande. Toutefois, cette promesse n'est pas toujours honorée lorsque la situation économique se gâte, et des quantités excessives de pièces et de billets sont alors émises, ce qui cause une hausse généralisée des prix.

Au XIXe siècle, des banques fantômes en Amérique du Nord profitent de la crédulité de certaines personnes et font circuler des billets sans valeur. Ces institutions – qui s'établissent loin du lieu où circulent les billets, pour décourager les porteurs de venir en demander le remboursement en or – ont une assise financière précaire, voire inexistante.

Canada, French Regime, ordonnance, 48 livres, 1753

Although there was a limit on the amount of card money that could be issued, no such restriction existed for these notes, issued by the Treasury in Quebec City. Ordonnances were consequently overissued, contributing to a distrust of paper currency. (1963.40.17)

Canada, Régime français, ordonnance, 48 livres, 1753

Contrairement à la monnaie de carte, il n'y avait aucune limite sur l'émission des ordonnances tirées sur le Trésor à Québec. Le nombre exagéré de ces billets mis en circulation a d'ailleurs contribué à l'érosion de la confiance à l'égard de la monnaie de papier. (1963.40.17)

Canada, Nova Scotia, treasury note, 20 shillings, 1830

Owing to overissuance, Nova Scotia's treasury notes were sometimes held in such poor repute that they traded for less than some private note issues. (1992.38.7)

Canada, Nouvelle-Écosse, billet du Trésor, 20 shillings, 1830

La surabondance de billets du Trésor de la Nouvelle-Écosse en circulation explique le mauvais accueil qu'on leur réserve parfois, à un point tel qu'ils se négocient à une valeur inférieure à celle de certains billets émis par des sociétés privées. (1992.38.7)

Canada, Farmers Bank of St. Johns, $2, 1837

During the financial upheavals of 1837 and 1857, unscrupulous characters circulated notes in the northern U.S. states drawn on fictitious "phantom" banks in Canada. (1972.77.23)

Canada, Farmers Bank of St. Johns, billet de 2 dollars, 1837

Pendant les bouleversements économiques de 1837 et de 1857, des individus sans scrupule font circuler dans les États américains du Nord des billets émis au Canada par des banques « fantômes ». (1972.77.23)

United States, Farmers Exchange Bank of Gloucester, $5, 1808

The first bank failure in the United States was that of the Farmers Bank of Gloucester, Rhode Island. The bank was taken over by Andrew Dexter, a speculator from Boston, who issued more than $600,000 in notes backed by less than $90 in silver and gold. When word got out, the notes became worthless, and the bank failed. (1979.175.100)

États-Unis, Farmers Exchange Bank of Gloucester, billet de 5 dollars, 1808

La première faillite d'une banque américaine est celle de la Farmers Bank of Gloucester, au Rhode Island. Le spéculateur bostonnais Andrew Dexter, qui prend le contrôle de l'institution, met en circulation pour plus de 600 000 dollars de billets garantis par des actifs d'argent et d'or valant moins de 90 dollars. Lorsque la nouvelle s'ébruite, les billets perdent toute valeur, ce qui force la banque à mettre fin à ses activités. (1979.175.100)

In the 20th century, the adoption of pure fiat currencies eliminated any external constraint on the creation of money. In the absence of strict controls, many countries experienced hyperinflation, characterized by a rapid decline in the purchasing power of money, with severe economic and social consequences. Today, the purchasing power of money is protected in most countries by independent government-established central banks with a mandate to achieve and maintain price stability.

L'adoption de monnaies entièrement fiduciaires, au XXe siècle, affranchit l'émission des pièces et des billets de toute contrainte extérieure. Mais en l'absence de contrôles rigoureux, de nombreux pays se retrouvent aux prises avec une hyperinflation – caractérisée par une chute rapide du pouvoir d'achat – et les graves conséquences économiques et sociales qui en découlent. À l'heure actuelle, dans la plupart des pays, le pouvoir d'achat de l'argent est protégé par une banque centrale indépendante instaurée par l'État et qui a pour mandat de réaliser et de maintenir la stabilité des prix.

Germany, 5 billion marks, 1924

Germany's hyperinflation (1922–24) is reflected in the increasing frequency of note issues, their high denominations, and simple designs. The last inflationary issues were valued in billions of marks. In European convention, a billion equals a million million, rather than a thousand million as in North America. (1966.87.133)

Allemagne, billet de 5 billions de marks, 1924

L'hyperinflation qui ronge l'Allemagne de 1922 à 1924 se reflète dans l'émission de billets à intervalles de plus en plus rapprochés, la simplification des motifs et l'augmentation de la valeur des coupures, qui passe même la barre des billions de marks à la fin de cette période. (Un billion équivaut à mille milliards.) (1966.87.133)

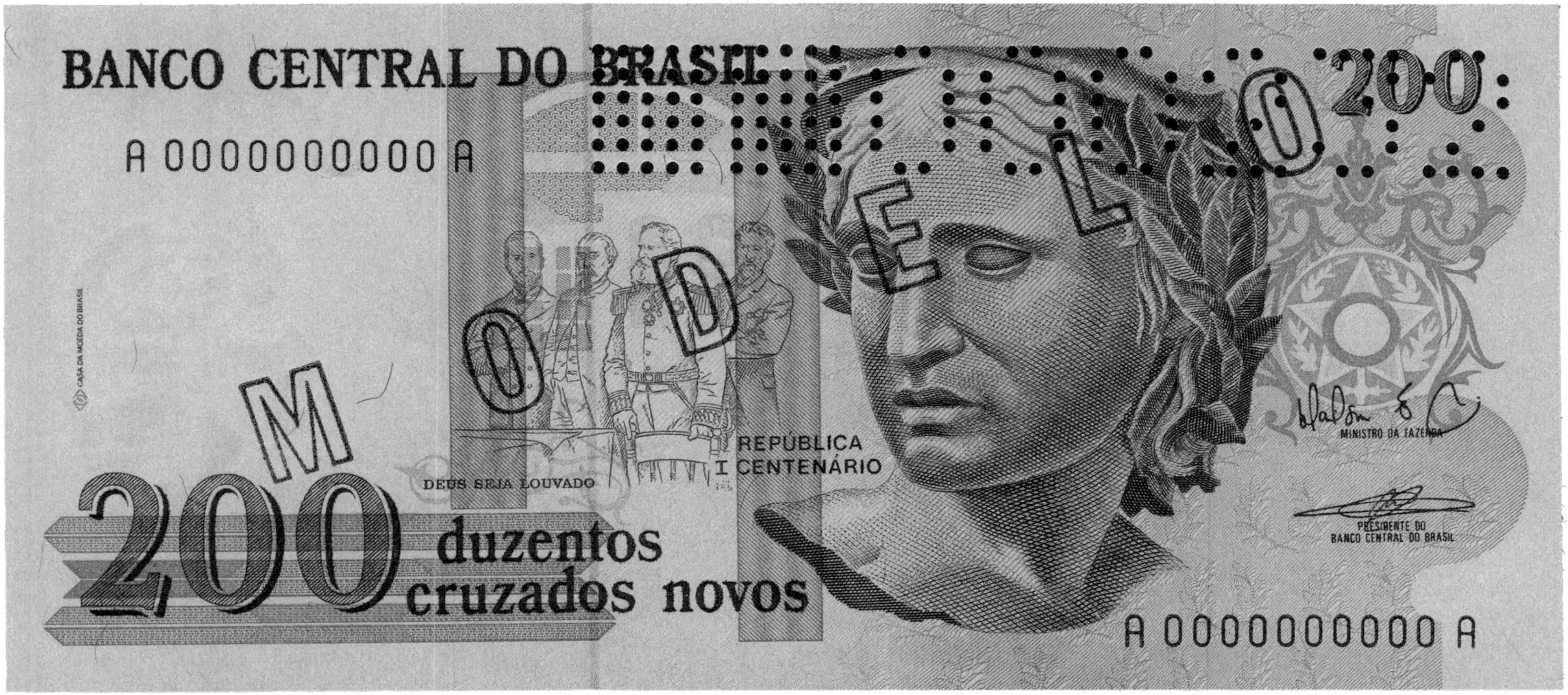

Brazil, 200 cruzados novos, 1989 *(1989.50.39)* ***Brésil, billet de 200 cruzados novos, 1989*** *(1989.50.39)*

Brazil, 200 cruzeiros, 1990 *(1991.27.12)*
Brésil, billet de 200 cruzeiros, 1990 *(1991.27.12)*

Brazil, 1 real, 1994 *(1995.14.1)*
Brésil, billet de 1 réal, 1994 *(1995.14.1)*

Several countries have recently experienced hyperinflation, forcing authorities to issue notes with ever-higher values. As denominations rise, calculations become difficult, given the size of the numbers involved. Some authorities have addressed this problem by creating a new monetary unit with a set exchange rate for the previous unit. During the 1980s and early 1990s, Brazilians used five different units:

Cruzado	=	*1,000 cruzeiros (1986)*
Cruzado novo	=	*1,000 cruzados (1989)*
Cruzeiro	=	*1,000 cruzados novos (1990)*
Cruzeiro real	=	*1,000 cruzeiros (1993)*
Real	=	*2,750 cruzeiro reals (1994)*

Depuis quelques années, plusieurs pays sont confrontés à une hyperinflation qui force les autorités à mettre en circulation une monnaie dont la valeur est multipliée à chaque émission. Ces augmentations et les sommes astronomiques qu'elles engendrent se trouvent à compliquer sans cesse les calculs. Pour remédier au problème, certains pays ont opté pour le remplacement de la monnaie existante par une nouvelle unité monétaire pour laquelle un taux de conversion est établi. Ainsi, au Brésil, pendant les années 1980 et au début de la décennie suivante, cinq unités monétaires différentes se sont succédé :

Cruzado	=	*1 000 cruzeiros (1986)*
Cruzado novo	=	*1 000 cruzados (1989)*
Cruzeiro	=	*1 000 cruzados novos (1990)*
Cruzeiro real	=	*1 000 cruzeiros (1993)*
Réal	=	*2 750 cruzeiros reales (1994)*

Widespread counterfeiting and other monetary abuses can also impair confidence in money. The private abuse of money has been a problem throughout history, despite significant penalties for tampering with currency. Gold and silver coins were often clipped or "sweated"—the practice of removing a small amount of metal by abrasion or chemical means. Paper money was, and continues to be, forged, requiring issuers to develop increasingly sophisticated anti-counterfeiting devices to protect their bank notes from duplication, and to retain society's confidence in money.

La contrefaçon à grande échelle et d'autres pratiques frauduleuses peuvent aussi miner la confiance des citoyens dans la monnaie. La falsification des espèces par des particuliers pose depuis toujours des problèmes qui n'ont pas disparu malgré l'imposition de lourdes sanctions. À différentes époques, les pièces d'or ou d'argent ont été rognées, frayées ou trempées dans un bain chimique pour en récupérer de petites quantités de métal. Le papier-monnaie a lui aussi été contrefait, et il continue de l'être, ce qui oblige les banques émettrices à mettre au point des techniques de plus en plus avancées pour déjouer les faussaires et préserver la confiance à l'égard de la monnaie nationale.

(Left) England, Charles I, shilling, 1642–43 *(1977.127.7)*
(Right) England, Charles I, clipped shilling, 1625–49 *(1974.151.7075)*

It is estimated that prior to the great recoinage of 1696, the value of over half of the precious metal coins circulating in 17th-century England had been reduced by clipping.

À gauche : Angleterre, Charles Ier, shilling, 1642-1643 *(1977.127.7)*
À droite : Angleterre, Charles Ier, shilling rogné, 1625-1649 *(1974.151.7075)*

Il y a lieu de croire qu'avant la grande réforme monétaire de 1696, la valeur de plus de la moitié des pièces de métal précieux en circulation en Angleterre au cours du siècle avait été diminuée par rognage.

(Left) Great Britain, George II, halfpenny, 1743 *(1965.136.3182)*
(Right) Canada, blacksmith halfpenny token, c. 1820 *(1974.151.2492)*

The worn copper halfpennies of George II and George III were models for a series of copies called "blacksmiths." The name came from an anecdote that attributed their origin to a blacksmith who struck them when thirsty and in need of grog.

À gauche : Grande-Bretagne, George II, demi-penny, 1743 *(1965.136.3182)*
À droite : Canada, jeton de forgeron, demi-penny, vers 1820 *(1974.151.2492)*

Les demi-pennies en cuivre usés à l'effigie de George II et de George III ont inspiré les pièces dites « du forgeron », ainsi nommées parce que l'histoire attribue à un forgeron assoiffé l'idée de fabriquer ces pièces pour pouvoir se payer un grog.

Canada, $1 raised to $4, 1878, with authentic note of that issue *(1976.15.2)*

Another form of fraud involved raising the value of a note. The indications of value on the authentic note were replaced by higher values. This note, for example, is a genuine $1 note that has been "raised" to $4. (1973.112.107)

Canada, billet de 1 dollar falsifié (valeur majorée à 4 dollars), 1878, et billet authentique de la même série *(1976.15.2)*

Une autre pratique frauduleuse consiste à maquiller le chiffre correspondant à la valeur d'une coupure pour l'augmenter. Par exemple, ce billet authentique de 1 dollar a été falsifié afin de le faire passer pour un billet de 4 dollars. (1973.112.107)

Canada, Ontario Bank notes, $10, 1870; authentic *(1971.115.49)* ***(bottom) and forged*** *(1963.28.8)* ***(top)***

Canada's most famous gang of counterfeiters was the Johnson family. In 1880, they engraved plates for, printed, and circulated copies of several Canadian chartered bank and government notes. The quality of their counterfeits was so good that authorities changed the designs of their notes. The family was finally caught by the celebrated American detective John Wilson Murray.

Canada, billets de 10 dollars de l'Ontario Bank, 1870; authentique *(1971.115.49)* ***(en bas) et contrefait*** *(1963.28.8)* ***(en haut)***

Le réseau de faussaires le plus célèbre du Canada est sans contredit la famille Johnson. En 1880, ses membres gravent des plaques puis impriment et écoulent des imitations de billets de l'État et de plusieurs banques. La qualité de ces faux est telle que les autorités émettrices sont obligées de modifier la conception et le dessin de leurs billets. Le grand détective américain John Wilson Murray mettra finalement la main au collet de cette famille de faux-monnayeurs.

NºA 22397
Dominion of Canada
WAR LOAN
$100
$100
TEN YEAR 5% BOND
Authorized amount of issue: $100,000,000.
Due 1ST December, 1925.
The Dominion of Canada, for value
received, will pay to bearer or, if registered, to the registered holder hereof the sum of
ONE HUNDRED DOLLARS
on the 1st. day of December, 1925, and will pay interest thereon at the rate of five per
cent. per annum from the 1st. day of December, 1915, semi-annually on the 1st. day of
June, and the 1st. day of December, upon presentation and surrender as they severally
mature of the coupons for such interest hereto annexed. Such principal sum is payable at the
office of the Minister of Finance and Receiver General at Ottawa or at the office of the Assistant Receiver
General at Halifax, St. John, Charlottetown, Montreal, Toronto, Winnipeg, Regina, Calgary or Victoria.
Coupons are payable free of exchange at any branch of any chartered bank in Canada.

5

THE SINEWS OF WAR

LE NERF DE LA GUERRE

War exacts a terrible toll on society. Along with untold human suffering and loss of life, the economic cost in terms of damaged property and lost opportunities can be incalculable, even for the victor. When a society calls up its soldiers, it also mobilizes its economy, with resources diverted from peacetime to wartime production. To finance this transformation and the costs of waging war, a country's monetary and financial system is brought into play. Governments raise taxes and sell bonds to the public, appealing to patriotism and offering financial incentives. The Roman statesman Cicero called money the "sinews of war."

Les guerres laissent dans leur sillage des sociétés dévastées. À l'indicible souffrance humaine et aux innombrables pertes de vie s'ajoutent la destruction et les occasions manquées – des coûts économiques incalculables, même pour les vainqueurs. Lorsqu'un pays appelle ses soldats sous les drapeaux, il mobilise en même temps son appareil économique en reportant l'ensemble de ses ressources sur l'effort de guerre. Et comme cette réorientation de la production est coûteuse, le système monétaire et financier est lui aussi mis à contribution. L'État lève des impôts et vend des obligations à ses citoyens, misant sur leur fibre patriotique et sur l'attrait des incitatifs pécuniaires qu'il offre. L'homme d'État romain Cicéron avait donc bien raison quand il affirmait que l'argent était le « nerf de la guerre ».

(Opposite) Canada, $100 War Loan Bond, 1915, 5%, 10 year

The first Canadian war loan of WWI was an unparalleled success. Oversubscribed to the amount of $50,000,000, it demonstrated that the nation no longer needed to rely on Great Britain and the United States to finance national ventures. (2002.72.2)

(Above) Canada, war savings stamps, c. 1944

During WWII, small investors were encouraged to "do their part" by buying war savings stamps and pasting them into folders that could be exchanged for interest-bearing certificates valued from $5 to $500. (1999.2.1)

Ci-contre : Canada, obligation de guerre de 100 dollars, 1915, 5 %, 10 ans

Le premier emprunt lancé par le Canada pour financer la guerre de 1914-1918 obtient un succès sans précédent : la souscription dépasse toutes les prévisions et atteint 50 millions de dollars, prouvant ainsi que le pays peut désormais se procurer les capitaux nécessaires à des projets d'envergure nationale sans faire appel à la Grande-Bretagne ou aux États-Unis. (2002.72.2)

Ci-dessus : Canada, timbres d'épargne de guerre, vers 1944

Durant la Seconde Guerre mondiale, le Canada encourage les petits investisseurs à « faire leur part » en achetant des timbres de guerre. Les épargnants collent les timbres dans des carnets qu'ils peuvent ensuite échanger contre des certificats portant intérêt et valant entre 5 et 500 dollars. (1999.2.1)

(Left) France, Louis IX, gros tournois, 1266 *(1972.105.6)*
(Below) France, Charles V, gros tournois, 1364–80 *(1996.51.15)*

During the Hundred Years War with England, France often devalued its currency to finance military expenditures. This is reflected in the changing weight of the gros tournois, introduced by Louis IX at 4.22 grams but issued during the war by Charles V at about 2.50 grams.

À gauche : France, Louis IX, gros tournois, 1266 *(1972.105.6)*
Ci-dessous : France, Charles V, gros tournois, 1364-1380 *(1996.51.15)*

Au cours de la guerre de Cent Ans, qui l'oppose à l'Angleterre, la France dévalue à maintes reprises sa monnaie afin de financer ses dépenses militaires. Le poids décroissant du gros tournois est éloquent à cet égard : introduite par Louis IX à 4,22 g, la pièce émise sous le règne de Charles V, pendant la guerre, ne pèse plus que 2,50 g environ.

During ancient and medieval times, rulers sometimes debased their coinage, or reduced the weight of coins, to help finance wartime expenditures. Similarly, during modern times, governments have printed money. In both cases, the result was inflation. Wage and price controls, along with rationing, were often imposed to temporarily moderate rising prices.

Dans l'Antiquité et au Moyen Âge, certains chefs d'État ont altéré ou rogné leur monnaie pour financer leurs campagnes. De nos jours, les gouvernements parviennent aux mêmes fins en augmentant la production de papier-monnaie. Dans un cas comme dans l'autre, l'opération provoque une poussée inflationniste, que l'on cherche souvent à contenir, au moins un certain temps, par l'imposition de mesures de rationnement et de contrôle des prix et des salaires.

A. No. 4791 25 D. ARMY BILL. 25 P.

Twenty-five Dollars. Vingt-cinq Piastres.

Army Bill Office Quebec. Issued 17 April 1813

The Bearer hereof is entitled to receive, on Demand, at the ARMY BILL OFFICE, the Sum of Twenty-five Dollars, in Government Bills of Exchange, at Thirty Days Sight, at the Rate of Exchange as fixed by Authority, or in CASH, at the option of the Commander of the Forces, with the Interest of One Farthing per Day, on the same.

By Command of His Excellency
The COMMANDER OF THE FORCES,

DIRECTOR.

ENTERED,
L. Montizambert
CASHIER.

REGISTERED in the Office of the MILITARY SECRETARY.

A. No. 4791

XXIIIII.

Canada, Army Bill, $25, 1813

During the War of 1812, Canadian authorities paid and provisioned troops by issuing "army bills," the first government notes to circulate in Canada since the French Regime. Notes in the first issue, valued at $25 and above, were redeemable with interest to encourage public acceptance. "Piastre" has been a common term for the dollar in French Canada and other parts of the world. (1997.25.1)

Canada, billet de l'armée de 25 dollars, 1813

Pendant la guerre de 1812, les autorités canadiennes payent et ravitaillent les troupes en émettant des « billets de l'armée », les premiers instruments monétaires mis en circulation par l'État depuis la fin du Régime français. Les coupures de l'émission initiale, d'une valeur faciale égale ou supérieure à 25 dollars, sont remboursables avec intérêt pour encourager la population à les accepter. Le mot « piastre » a été communément utilisé au Canada français et ailleurs dans le monde pour désigner le dollar. (1997.25.1)

Canada, Provisional Government of Upper Canada, $2, 1837

Following their defeat in the skirmish outside York in 1837, William Lyon Mackenzie's rebels fled to Navy Island in the Niagara River to consolidate their forces. While there, Mackenzie issued scrip in return for supplies. Only a handful of examples are known to survive. (1974.137.292)

Canada, gouvernement provisoire du Haut-Canada, billet de 2 dollars, 1837

Après une escarmouche aux abords de la ville d'York en 1837, les insurgés défaits, dirigés par William Lyon Mackenzie, retraitent à l'île Navy, sur la rivière Niagara, afin de consolider leurs forces. Pendant son séjour, Mackenzie émet des bons qu'il échange contre des marchandises. Il ne reste plus aujourd'hui que quelques exemplaires de ces billets. (1974.137.292)

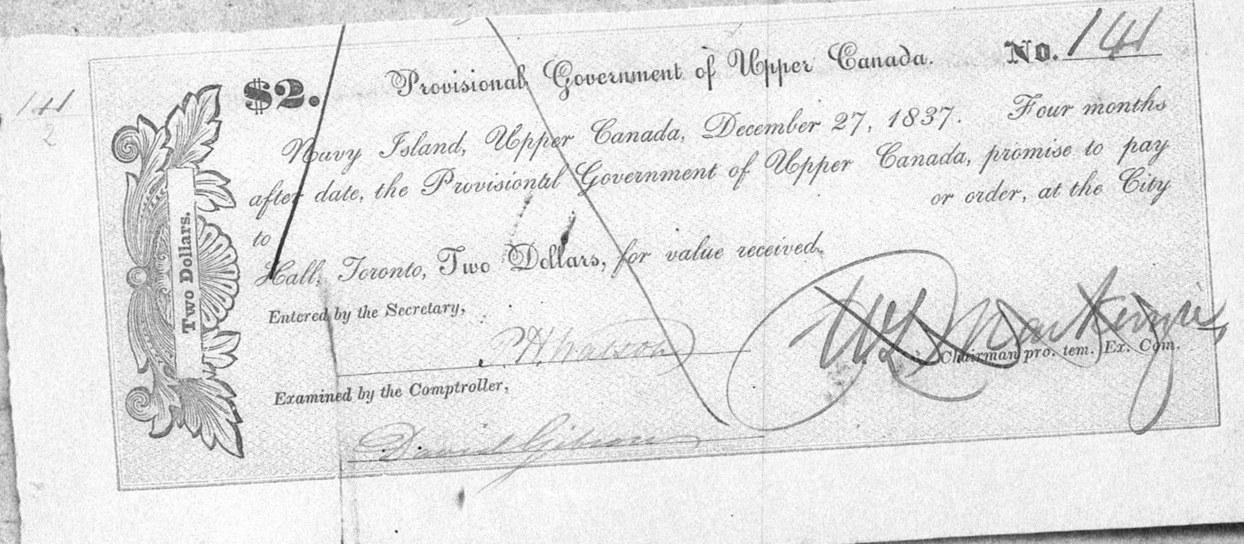

$2. Provisional Government of Upper Canada. No. 141

Navy Island, Upper Canada, December 27, 1837. Four months after date, the Provisional Government of Upper Canada, promise to pay to or order, at the City Hall, Toronto, Two Dollars, for value received.

Two Dollars.

Entered by the Secretary,
P. H. Watson

W. L. Mackenzie
Chairman pro. tem. Ex. Com.

Examined by the Comptroller,
David Gibson

SIEGE MONEY MONNAIE DE SIÈGE

Netherlands, Middleburg, 1 daalder, 1572

During the Dutch revolt in the Spanish Netherlands, Middleburg, the centre of Spanish authority in Zeeland, was besieged. Short of cash, the municipal authorities cut up silver plate and counterstamped the pieces with the abbreviation DRPF (Deo Regi Patriae Fidelis) meaning "loyal to God, king, and country." (1974.151.2854)

Pays-Bas, Middelbourg, pièce de 1 daalder, 1572

*La ville de Middelbourg, centre du pouvoir espagnol dans la province de Zélande, aux Pays-Bas espagnols, est assiégée pendant le soulèvement de 1572. Pour remédier au manque de monnaie, les autorités municipales décident de découper des pièces dans des plats d'argent et de les frapper des lettres DRPF (*Deo Regi Patriae Fidelis*), c'est-à-dire « Fidèle à Dieu, au roi et à la patrie ».* (1974.151.2854)

Netherlands, Leyden, ¼ gulden, 1574

Dutch forces, besieged by the Spaniards and short of cash and silver plate from which to make a substitute currency, used heavy paper for their emergency issue. (1974.151.2922)

Pays-Bas, Leyde, quart de florin, 1574

Assiégées par les Espagnols et à court de numéraire et de plats d'argent avec lesquels fabriquer une monnaie de rechange, les forces néerlandaises ont recours à du papier épais pour leur émission de nécessité. (1974.151.2922)

England, Newark, Charles I, 30 shillings, 1646

During the English Civil War, Royalist forces at Newark were cut off from regular supplies of money and offset expenses in 1645 and 1646 by issuing rudimentary coins made from confiscated silver plate. (1974.151.263)

Angleterre, Newark, Charles Ier, pièce de 30 shillings, 1646

Isolées par le siège de Newark pendant la première révolution d'Angleterre, les forces royalistes sont coupées de leur approvisionnement régulier en espèces. Pour acquitter leurs dépenses, en 1645 et 1646, elles fabriquent une monnaie rudimentaire à l'aide de plats d'argent confisqués. (1974.151.263)

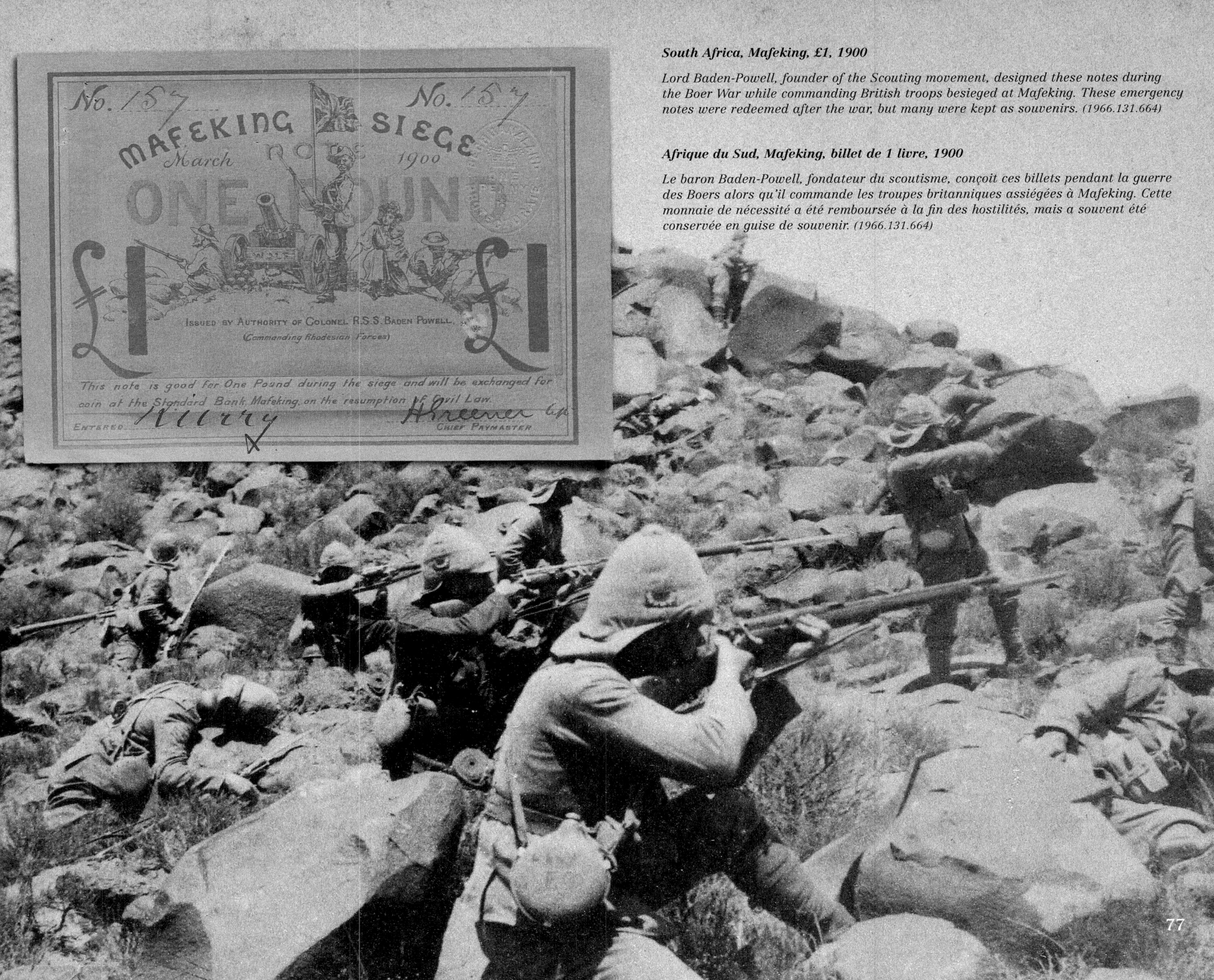

South Africa, Mafeking, £1, 1900

Lord Baden-Powell, founder of the Scouting movement, designed these notes during the Boer War while commanding British troops besieged at Mafeking. These emergency notes were redeemed after the war, but many were kept as souvenirs. (1966.131.664)

Afrique du Sud, Mafeking, billet de 1 livre, 1900

Le baron Baden-Powell, fondateur du scoutisme, conçoit ces billets pendant la guerre des Boers alors qu'il commande les troupes britanniques assiégées à Mafeking. Cette monnaie de nécessité a été remboursée à la fin des hostilités, mais a souvent été conservée en guise de souvenir. (1966.131.664)

War can also directly affect the money in circulation. During the time of the gold standard, it was common for embattled countries to suspend the convertibility of bank notes into gold to conserve the precious metals needed to fund important war-related imports. In an application of Gresham's Law—bad money drives out good—gold and silver coins rapidly disappeared from circulation, replaced by paper currency.

L'argent en circulation subit lui aussi les effets des conflits armés. À l'époque de l'étalon-or, il n'est pas rare que les pays belligérants suspendent la convertibilité en or de leurs billets pour consacrer leurs métaux précieux au financement d'importations essentielles liées à la guerre. Conformément à la loi de Gresham, selon laquelle la mauvaise monnaie chasse la bonne, les pièces d'or et d'argent disparaissent alors rapidement, cédant le pas aux billets.

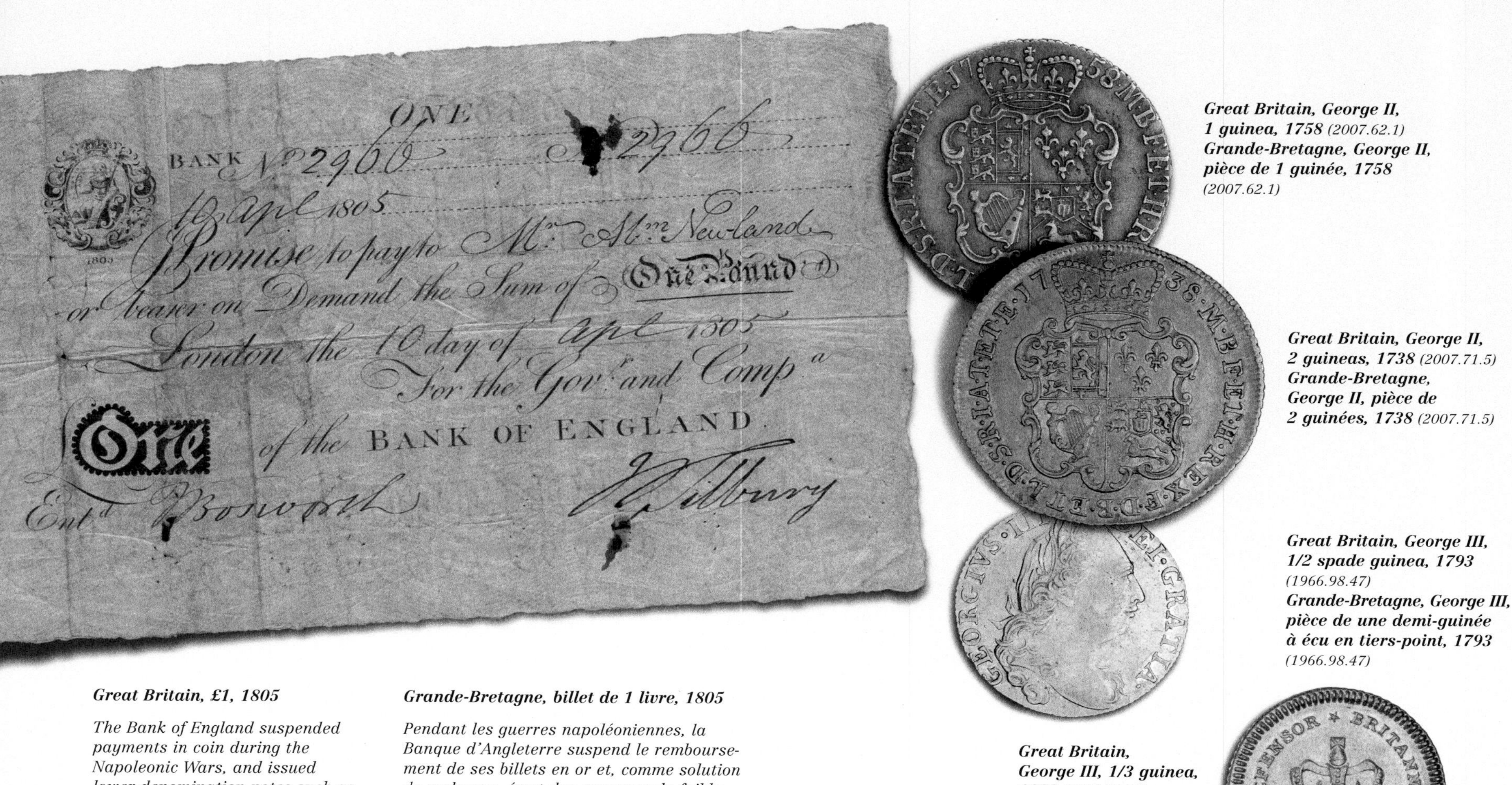

Great Britain, George II, 1 guinea, 1758 *(2007.62.1)*
Grande-Bretagne, George II, pièce de 1 guinée, 1758 *(2007.62.1)*

Great Britain, George II, 2 guineas, 1738 *(2007.71.5)*
Grande-Bretagne, George II, pièce de 2 guinées, 1738 *(2007.71.5)*

Great Britain, George III, 1/2 spade guinea, 1793 *(1966.98.47)*
Grande-Bretagne, George III, pièce de une demi-guinée à écu en tiers-point, 1793 *(1966.98.47)*

Great Britain, George III, 1/3 guinea, 1808 *(1966.98.20)*
Grande-Bretagne, George III, pièce de 1/3 guinée, 1808 *(1966.98.20)*

Great Britain, £1, 1805

The Bank of England suspended payments in coin during the Napoleonic Wars, and issued lower-denomination notes such as this, instead. (2006.114.1) Guineas (21 shillings) were the standard gold coin at the time.

Grande-Bretagne, billet de 1 livre, 1805

Pendant les guerres napoléoniennes, la Banque d'Angleterre suspend le remboursement de ses billets en or et, comme solution de rechange, émet des coupures de faible valeur nominale comme celle-ci. (2006.114.1) La guinée (valant 21 shillings) faisait fonction de monnaie étalon-or à l'époque.

Money has also been used as a weapon of war.[1] In Operation Bernhard, during World War II, Germany tried to undermine the British monetary system by circulating counterfeit Bank of England notes through neutral countries. Japan also employed economic sabotage in China, using captured engraving plates to produce unauthorized Chinese bank notes. Both Allied and Axis powers printed propaganda leaflets using facsimiles of authentic notes.

L'argent fait aussi partie de l'arsenal de guerre[1], comme en fait foi l'opération Bernhard : la Seconde Guerre mondiale fait rage lorsque les Allemands tentent de déstabiliser le système monétaire britannique en écoulant de faux billets de la Banque d'Angleterre dans les pays neutres. Le Japon use d'une autre stratégie pour saboter l'économie de la Chine : il produit illicitement des billets chinois à l'aide de plaques à graver saisies. En outre, tant les puissances alliées que les forces de l'Axe distribuent des tracts de propagande imitant des billets authentiques.

United States, Continental currency, $2, 1776

During the American War of Independence, British authorities in New York rendered these paper notes issued by the newly formed Continental Congress almost worthless by counterfeiting and passing them in large numbers. The term "shinplaster," was coined because their value declined so rapidly that soldiers used them to line their boots. (1974.268.65)

États-Unis, Congrès continental, billet de 2 dollars, 1776

Lors de la guerre d'indépendance des États-Unis, les autorités britanniques établies à New York font perdre presque toute valeur aux billets émis par le Congrès continental, nouvellement créé, en les contrefaisant et en les écoulant en grande quantité. Comme ces billets ne valent pratiquement rien, les soldats s'en servent pour rembourrer leurs bottes, d'où le nom de shinplasters *(« emplâtres de tibia ») qu'on leur donne alors.* (1974.268.65)

United Kingdom, £50, Nazi counterfeit, 1930

These bogus notes were of such quality that in 1943 the British government demonetized all notes above £5. The counterfeiting scheme used the talents of artists, engravers, and counterfeiters held in German detention camps. (1964.124.2)

Royaume-Uni, faux billet nazi de 50 livres, 1930

La qualité de ces faux billets est telle qu'en 1943, les autorités britanniques doivent démonétiser toutes les coupures de plus de 5 livres. Pour mener à bien cette entreprise de contrefaçon, les Nazis ont exploité les talents d'artistes, de graveurs et de faussaires détenus dans les camps de concentration allemands. (1964.124.2)

With copper and nickel being critical ingredients in the manufacture of armaments, national mints made emergency coins from cheaper, less-desirable metals, such as aluminum, bronze, iron, and zinc. Alternatively, small-denomination bank notes were circulated.

À défaut de cuivre et de nickel – indispensables à la fabrication des armes – les établissements monétaires nationaux se replient sur des métaux moins coûteux et moins recherchés, comme l'aluminium, le bronze, le fer et le zinc, pour frapper des monnaies de nécessité. Parallèlement, des billets de petites coupures sont mis en circulation.

***Canada, 5 cents, 1942, nickel** (1969.156.2); **1943, tombac** (1962.6.168); **1944, chrome-plated steel** (1965.136.5578)*

As nickel was diverted to munitions production during WWII, Canada struck its 5-cent pieces in tombac, a zinc/copper alloy, and then in chrome-plated steel.

***Canada, pièces de 5 cents : 1942, nickel** (1969.156.2); **1943, tombac** (1962.6.168); **1944, acier chromé** (1965.136.5578)*

Durant la Seconde Guerre mondiale, la production de nickel est détournée de la monnaie au profit des munitions, et le Canada utilise alors le tombac – un alliage de zinc et de cuivre – puis l'acier chromé pour fabriquer les pièces de 5 cents.

(Clockwise from top) France, La Rochelle, 50 centimes, 1915 *(1965.136.6671)*; **France, Belves, 25 centimes, 1918** *(1966.180.249)*; **France, Revel, 5 centimes, 1914** *(1966.180.833)*

During WWI, French authorities allowed "chambres de commerce" to issue notes of less than 2 francs to replace coinage, which could not be supplied in adequate quantity. Made and used locally, the notes vary considerably in form and design.

À partir du haut, dans le sens des aiguilles d'une montre : France, La Rochelle, billet de 50 centimes, 1915 *(1965.136.6671)*; **France, Belves, billet de 25 centimes, 1918** *(1966.180.249)*; **France, Revel, billet de 5 centimes, 1914** *(1966.180.833)*

Pendant la Première Guerre mondiale, les autorités françaises accordent aux chambres de commerce la permission d'émettre des coupures de moins de 2 francs pour pallier le manque de pièces. Ces billets de fabrication et d'utilisation régionales présentent une grande variété de formes et de motifs.

Japan, 20 yen, 1945, U.S. military currency

The United States government issued a special currency for its military forces and civilians in Japan from 1945 to 1948. (1966.131.124)

Japon, billet de 20 yens, monnaie militaire américaine, 1945

Les États-Unis ont émis de la monnaie spéciale à l'intention des militaires et des civils américains en poste au Japon de 1945 à 1948. (1966.131.124)

During wartime, military authorities often issue special currency to pay their armed forces. Such army issues are typically used in foreign theatres of operation and are not legal tender in the home country. Since small change is often in short supply, vouchers and tokens also circulate widely on army bases.

En temps de guerre, pour payer leurs soldats, les autorités militaires émettent souvent des billets spéciaux échangeables dans les zones de conflit, mais qui n'ont habituellement pas cours légal dans la mère patrie. Bons d'échange et jetons circulent aussi largement dans les bases militaires, où la petite monnaie est souvent rare.

(Top to Bottom)

France, NAAFI token, ½ franc, c. 1945

The Navy, Army and Air force Institutes (NAAFI) issued formica tokens for use at its outlets for British troops in France after WWII. (1965.8.1)

Canada, Newfoundland, Sergeant's Club, 5 cents, c. 1945

American forces stationed at Fort Pepperrell in Newfoundland issued brass tokens for service personnel to use in the local canteen. (1964.43.143)

Canada, Halifax, Royal Artillery Canteen, 10 cents, early 20th century *(1968.125.1)*

Various military units across Canada have issued tokens and tickets for the exclusive use of their personnel in base canteens.

Canada, St. Thomas, Airmens' Canteen, 5 cents, c. 1940 *(1969.81.7)*

De haut en bas :

France, jeton des NAAFI, demi-franc, vers 1945

L'organisme chargé d'approvisionner les forces armées britanniques (Navy, Army and Air Force Institutes, ou NAAFI) met en circulation des jetons de formica que les soldats britanniques déployés en France peuvent échanger dans ses comptoirs après la fin de la Seconde Guerre mondiale. (1965.8.1)

Canada, Terre-Neuve, Sergeant's Club, jeton de 5 cents, vers 1945

Les militaires américains en service à Fort Pepperrell (Terre-Neuve) pouvaient payer leurs achats à la cantine avec les jetons de laiton émis par les autorités de la base. (1964.43.143)

Canada, Halifax, cantine de la Royal Artillery, jeton de 10 cents, début du XXe siècle *(1968.125.1)*

Dans toutes les régions du Canada, des unités militaires ont émis leurs propres jetons et coupons que seul leur personnel pouvait échanger à la cantine de la base.

Canada, St. Thomas, cantine des aviateurs, coupon de 5 cents, vers 1940 *(1969.81.7)*

United Kingdom, POW scrip, 3 pence, 1946

During WWII, POWs in Great Britain were paid 1 shilling a day for work done outside the camps. They received special currency of standard design stamped by the issuing camp. This note was used in Lauder, Berwickshire, Scotland. (2001.44.1)

Royaume-Uni, billet de camp de prisonniers de guerre, 3 pence, 1946

Un prisonnier de guerre détenu en Grande-Bretagne pendant la Seconde Guerre mondiale et qui travaille hors des murs reçoit un salaire quotidien de 1 shilling, versé sous forme de billet générique portant le sceau du camp émetteur. Le bon reproduit ici avait cours dans le camp écossais de Lauder, au Berwickshire. (2001.44.1)

In prisoner-of-war (POW) and internment camps, inmates were denied access to local currency to discourage escape. Economic life consequently centred on coupons, or scrip issued by camp authorities and accepted by camp canteens.

Dans les camps d'internement et de prisonniers de guerre, l'accès à la monnaie locale est interdit aux captifs pour décourager les projets d'évasion. De là naît une économie basée sur les coupons, ou certificats, délivrés par l'administration du camp et que les détenus peuvent troquer à la cantine.

France, Houillères du Bassin de Lorraine, 500 francs, c. 1946

Thousands of German prisoners were kept in French POW camps after the liberation of Europe to help in the country's reconstruction. Several mines and industries that employed the prisoners paid them with scrip such as this. (1966.180.79)

France, Houillères du bassin de Lorraine, bon de 500 francs, vers 1946

Après la Libération, des milliers d'Allemands sont incarcérés dans les camps de prisonniers de guerre français afin qu'ils participent à la reconstruction du pays. Plusieurs mines et usines qui ont recours à cette main-d'œuvre payent les travailleurs en bons semblables à celui-ci. (1966.180.79)

POL. DURCHGANGSLAGER
AMERSFOORT
1 JAN. 1944
No. 009578 *
HÄFTLINGS-KANTINEGELD
GUTSCHEIN ÜBER
10 CENT
K 73

Netherlands, Amersfoort, 10 centimes, 1944

During WWII, the Nazis established an internment camp for civilian prisoners at Amersfoort in the Utrecht. It also served as a holding area for prisoners awaiting transfer to other camps. (1992.24.1)

Pays-Bas, Amersfoort, coupon de 10 centimes, 1944

Pendant la Seconde Guerre mondiale, les Nazis établissent à Amersfoort, en Utrecht, un camp d'internement destiné aux prisonniers civils. Celui-ci sert également de lieu de transition pour les détenus devant être transférés à d'autres camps. (1992.24.1)

Canada, Alberta, 5 cents, Medicine Hat Internment Camp, 1944

To hinder escape, German and Italian POWs were not paid with Canadian currency, but instead received locally-produced tickets in denominations ranging from 1 cent to $5, which could be used to make purchases at camp canteens. Only 19 of the 26 camps operating in Canada during WWII are known to have issued these chits. (1966.160.2931)

Canada, Alberta, camp d'internement de Medicine Hat, coupon de 5 cents, 1944

Pour empêcher les prisonniers de guerre allemands et italiens de prendre la clé des champs, au lieu d'une rétribution en dollars canadiens, on leur remet des coupons imprimés localement, d'une valeur de 1 cent à 5 dollars, qui leur permettent de s'approvisionner à la cantine du camp. Cette pratique a cours dans seulement 19 des 26 camps d'internement en activité au pays pendant la Seconde Guerre mondiale. (1966.160.2931)

Canada, Quebec, Farnham Internment Camp, $5, 1944 *(1966.160.2901)*

Canada, Québec, camp d'internement de Farnham, coupon de 5 dollars, 1944 *(1966.160.2901)*

Cigarettes were famously used as currency by Allied servicemen in German prison camps. Portable, divisible, difficult to counterfeit, and limited in supply, cigarettes constituted an effective commodity currency. Market economies developed in the camps, with prices of goods and services posted in terms of cigarettes, with trade helping to narrow price differences between barracks.[2]

Il existe dans les prisons allemandes une autre monnaie d'échange, rendue populaire par les soldats alliés qui y sont incarcérés : facilement transportables, divisibles, difficiles à contrefaire et disponibles en quantité limitée, les cigarettes constituent en effet un moyen efficace de se procurer des produits de base. Une économie libérale s'installe dans les camps, où la valeur des biens et services se calcule en cigarettes, et où le commerce entre les casernes contribue à réduire les écarts de prix[2].

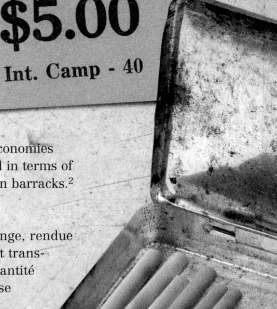

Korea, 10 sen, 1904, Japanese issue

During the invasion of Korea in 1904, Japan issued notes resembling their own issues for use in the newly occupied territory. (2222.2006.30)

Corée, billet de 10 sen, émis par les autorités japonaises, 1904

En 1904, alors que la Corée est sous occupation japonaise, le gouvernement nippon y fait circuler une monnaie qui ressemble à celle ayant cours sur son propre territoire. (2222.2006.30)

Greece, 5 drachma, 1944, Italian issue

Following the invasion of Greece in 1940, Italy issued occupation notes. Similar notes were prepared for use in Egypt and the Sudan but were never issued. (1966.87.546)

Grèce, billet de 5 drachmes, émis par l'Italie, 1944

Après l'invasion de la Grèce par les Italiens en 1940, ces derniers y font circuler des billets d'occupation. Des billets similaires sont préparés en vue d'être écoulés en Égypte et au Soudan, mais le projet ne se concrétisera pas. (1966.87.546)

During both world wars, occupying powers issued special notes and coins for circulation in captured territory to help establish their economic control. Liberation currency was printed by exiled governments for circulation once liberation operations had commenced. In postwar occupied Germany, "barter units," special Allied military notes, circulated alongside cigarettes as money before currency reform led to the birth of the deutschmark in 1948.

Au cours des deux conflits mondiaux, les occupants émettent des pièces de monnaie et des billets de banque spéciaux dans les territoires sous leur domination afin de maîtriser l'économie locale. Parallèlement, les gouvernements en exil impriment leur propre monnaie en prévision de la libération. Dans l'Allemagne occupée de l'après-guerre, deux unités de troc, soit les billets militaires des forces alliées et les cigarettes, ont cours simultanément avant la réforme monétaire qui mènera à l'introduction du mark allemand, en 1948.

Netherlands, 10 gulden, 1945

Allied troops in the Netherlands used notes authorized by the Dutch government in exile for use in newly liberated areas. (1973.244.32)

Pays-Bas, billet de 10 florins, 1945

Les troupes alliées en poste aux Pays-Bas utilisent des billets dont le gouvernement néerlandais en exil a autorisé la circulation dans les régions nouvellement libérées. (1973.244.32)

***Germany, 5 marks, 1944, Allied military scrip** (1966.87.177)*
***Germany, 100 deutschmarks, 1948** (1962.27.286)*
***Germany, Bank Deutscher Länder, 50 deutschmarks, 1948** (1962.27.294)*

Citizens in occupied West Germany used various notes in the years immediately following WWII. Allied military scrip, used since the end of the war, was replaced in June 1948 by notes denominated in deutschmarks. In August that same year, notes issued by the newly formed Bank Deutscher Länder appeared and remained in use until the creation of the Deutsche Bundesbank in 1957.

***Allemagne, monnaie militaire alliée, 5 marks, 1944** (1966.87.177)*
***Allemagne, billet de 100 deutsche marks, 1948** (1962.27.286)*
***Allemagne, Bank Deutscher Länder, billet de 50 deutsche marks, 1948** (1962.27.294)*

Les citoyens de l'Allemagne de l'Ouest occupée utilisent divers billets au cours des années suivant immédiatement la Seconde Guerre mondiale. La monnaie militaire alliée, en circulation depuis la fin de la guerre, est remplacée en juin 1948 par des billets libellés en deutsche marks. En août de la même année, la Bank Deutscher Länder, récemment créée, émet des billets qui resteront en circulation jusqu'à l'instauration de la Deutsche Bundesbank en 1957.

This is CHARGEX...

THE ALL-PURPOSE CHARGE CARD
CHARGEX
G. Raymond
SIGNATURE(S)
G RAYMOND
EXPIRATION 00/00 BAC
001 123 456 789

the greatest boon to business ever!

6

FROM CASH TO CYBERMONEY

Financial innovation is permitting people to access the money they hold in the form of deposits in new ways. Fifty years ago, besides cash, cheques were the most common form of payment used by consumers and businesses. Today, retail payment instruments include credit and debit cards and stored-valued cards. In 2006, the credit card was the most popular payment method in Canada for large items, accounting for roughly 45 per cent of all transactions by value, with debit cards and cash accounting for approximately 30 per cent and 20 per cent of transactions, respectively.[1] But cash continues to account for more than half of all transactions by number. Indeed, the value of bank notes and coins in circulation continues to grow at about 5 per cent per year. The continued popularity of cash largely reflects its convenience, its anonymity, its ready acceptability, and its status as legal tender. Although money remains the central pillar of the National Currency Collection, its curators have begun to add examples of alternative payment instruments, consistent with the mission to acquire material that reflects Canada's numismatic and economic heritage.

(Above) United States, Gimbel Brothers, charge token, c. 1930

Charge tokens provided a convenient way for customers to purchase goods and for retailers to keep track of customers' accounts. Tokens were issued only to affluent customers. (2006.92.3)

DE L'ARGENT SONNANT À LA MONNAIE VIRTUELLE

L'innovation financière offre aux gens de nouveaux moyens d'accéder à l'argent qu'ils détiennent sous la forme de dépôts. Il y a 50 ans, outre l'argent comptant, les chèques représentaient le moyen de paiement préféré des consommateurs et des commerçants. Au fil des ans, d'autres instruments de paiement se sont ajoutés, dont les cartes de crédit et de débit et les cartes prépayées, tant et si bien qu'en 2006, c'est par carte de crédit que les Canadiens ont acquitté la plupart de leurs gros achats. De fait, on a eu recours à ce mode de règlement pour quelque 45 % de la valeur totale des transactions effectuées, les cartes de débit et l'argent liquide ayant servi à conclure environ 30 % et 20 % des ventes, respectivement[1]. Par contre, numériquement parlant, plus de la moitié des achats se font encore au comptant, et la valeur des billets de banque et des pièces de monnaie en circulation continue d'augmenter à un rythme annuel d'à peu près 5 %. Du fait qu'il est commode, anonyme et facilement accepté et qu'il a cours légal, l'argent jouit d'une popularité qui ne se dément pas. Et s'il constitue toujours le pilier de la Collection nationale de monnaies, celle-ci s'enrichit désormais de spécimens d'autres modes de paiement, conformément à sa mission qui consiste à acquérir des objets qui témoignent du patrimoine numismatique et économique du Canada.

Ci-dessus : États-Unis, jeton de paiement de Gimbel Brothers, vers 1930

Les jetons de paiement, réservés à une clientèle aisée, offrent à celle-ci un moyen de paiement pratique et aux commerçants la possibilité de suivre les comptes de leurs clients. (2006.92.3)

Proprietary charge cards became popular in North America during the first half of the 20th century. Issued by department stores and oil companies, these cards (typically made of paper, cardboard, or celluloid) enabled customers to buy products on credit. These differed from today's cards in two respects: holders had to pay balances in full, and the cards could be used only to purchase products from the issuer.[2]

En Amérique du Nord, l'utilisation des cartes privatives s'est propagée au cours de la première moitié du XXe siècle. Émises par des grands magasins et des pétrolières, ces cartes (habituellement faites de papier, de carton ou de plastique) permettaient à leur détenteur de se procurer des biens à crédit. Elles différaient toutefois des cartes d'aujourd'hui à deux égards : le solde devait être acquitté en entier à l'échéance et elles ne pouvaient servir qu'à acheter les produits offerts par l'émetteur[2].

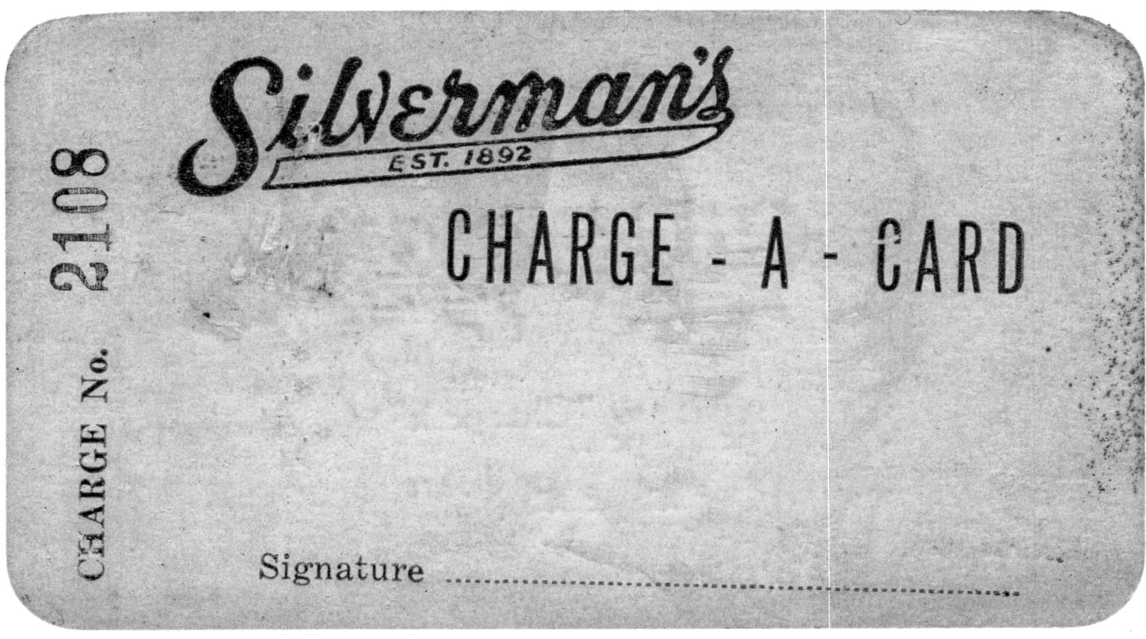

Canada, Silverman's "charge-a-card," c. 1950

The first charge cards were made of paper. (2006.73.10)

Canada, « charge-a-card » de Silverman's, vers 1950

Les premières cartes de paiement étaient en papier. (2006.73.10)

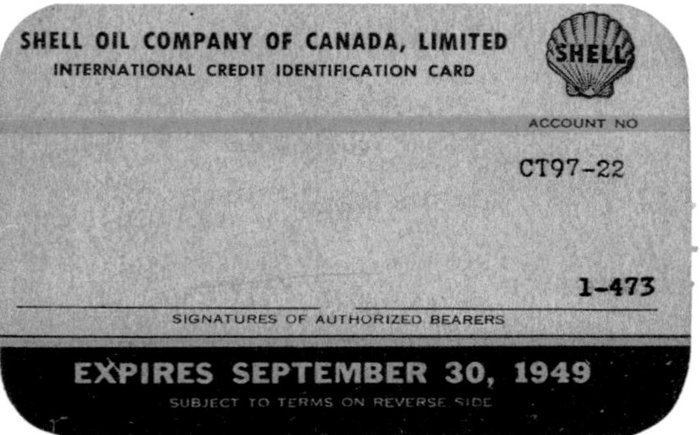

TERMS AND CONDITIONS

1. The customer named on other side hereof, may purchase on credit:—
   (A) Shell Products—Tires and Tubes—Batteries—Anti-freezes—Small Automotive Accessories only for use in or attachment to bearer's vehicle.
   (B) Services excluding mechanical repairs.
   (C) Shell Household Specialties normally sold at service stations.
2. The customer to whom this card is issued agrees to pay for all purchases made on credit by reason of the presentation of this card, by any person whatsoever.
3. Payment of the account to be made 10 days after date of statement.
4. The Company reserves the right to withdraw or modify the privileges of this card without notice.
5. THIS CARD MAY BE HONOURED—IN CANADA AND IN THE U.S.A. BY ANY SHELL DEALER OR STATION OPERATOR AND IN THE U.S.A. BY ANY SKELLY OIL COMPANY STATION OPERATOR.
6. USE OF THIS CARD IS SUBJECT TO ALL GOVERNMENTAL LAWS, ORDERS, RULES AND REGULATIONS.

Canada, Shell Oil Company of Canada, Limited charge card, 1949

After WWII, oil companies set out to regain the customer base lost through wartime gas rationing by the mass distribution of cards. (2006.73.1)

Canada, carte de la Shell Oil Company of Canada, Limited, 1949

Après la Seconde Guerre mondiale, les pétrolières procèdent à la distribution massive de cartes d'essence pour reconquérir la clientèle que le rationnement du carburant leur a fait perdre pendant le conflit. (2006.73.1)

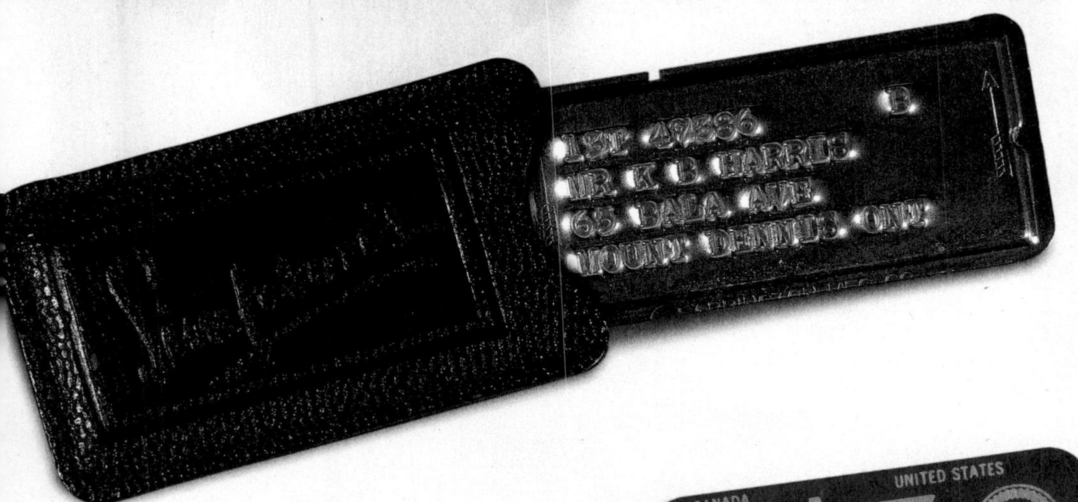

Canada, Simpson's "charga-plate" and sleeve, c. 1955

In the mid-1950s, Farrington Manufacturing Company of Boston developed the aluminum "charga-plate." With the bearer's name, address, and account number embossed into the surface of the plate, retailers no longer had to write the information on the sales slip. (2004.41.1.1/.2)

Canada, « charga-plate » de Simpson's avec son étui, vers 1955

Au milieu des années 1950, la société Farrington Manufacturing Company de Boston introduit la « charga-plate », une petite plaque de paiement en aluminium. Le nom et l'adresse du détenteur ainsi que son numéro de compte y sont imprimés en relief de sorte que le détaillant n'a plus besoin de recopier à la main cette information sur la facture. (2004.41.1.1/.2)

Canada, Canadian Oil Companies, Limited, White Rose aluminum "charg-o-plate" and advertising folder, 1955–60

Canadian Oil Companies was formed in 1904 through the merger of nine small firms based in and around Petrolia, Ontario. White Rose was the name of their service centres and products. In 1962, Shell Oil of Canada purchased Canadian Oil Companies Ltd. (2005.17.1.1/.2)

Canada, Canadian Oil Companies, Limited, « charg-o-plate » d'aluminium de White Rose et dépliant publicitaire, 1955-1960

En 1904, neuf petites entreprises de Petrolia (Ontario) et des environs fusionnent pour former la société Canadian Oil Companies. Celle-ci choisit le nom de White Rose pour ses centres de service et ses produits. En 1962, elle est rachetée par la Shell Oil of Canada. (2005.17.1.1/.2)

Your new WHITE ROSE Charg-o-Plate
You will like it because . . .
• It's permanent—convenient to carry—never expires.
• All metal—will not fray or tear.
• Makes it faster, easier, more
to purchase—White Rose
Batteries, Accessories and
CANADIAN OIL COMPANIES

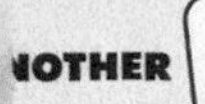

Canada, Eaton's charge card, 1960–65

In the early 1960s, plastic was introduced as a practical and cost-effective material for mass-producing payment cards. (2004.61.1)

Canada, carte de crédit des magasins Eaton, 1960-1965

Au début des années 1960, le plastique s'impose comme matière pratique et économique pour la production de masse des cartes de paiement. (2004.61.1)

Canada, The Bay charge card, 1965–70

Even before the International Organization for Standardization (ISO) established criteria for plastic payment cards in 1995, their dimensions were fairly uniform. (2004.117.8)

Canada, carte de crédit de la Baie, 1965-1970

Même avant que l'Organisation internationale de normalisation (ISO) ne fixe en 1995 les normes de fabrication des cartes de paiement de plastique, leurs dimensions étaient déjà assez uniformes. (2004.117.8)

Canada, Sears charge card, 1986

Larger department stores, such as Sears, continue to manage their own charge-card programs, as well as accepting third-party credit cards. (2003.63.2)

Canada, carte Sears, 1986

Les grands magasins à rayons, tels que Sears, continuent de gérer leur propre programme de règlement par carte, mais acceptent néanmoins les cartes de crédit d'autres institutions. (2003.63.2)

SUPERTEST
ALL CANADIAN
SUPERTEST
International
CREDIT CARD / CARTE DE CRÉDIT
17 675
S
EXPIRES END OF
EXPIRE À LA FIN DE
DEC 71

Canada, Supertest Petroleum Corporation, Limited charge card, 1971

In 1923, Supertest opened its first gasoline station in London, Ontario. In 1971, the company was sold to British Petroleum (BP). (2005.131.1)

Canada, carte de crédit de la Supertest Petroleum Corporation, Limited, 1971

En 1923, Supertest ouvre sa première station d'essence à London, en Ontario. En 1971, elle passe aux mains de la British Petroleum (BP). (2005.131.1)

ROYALITE
ROYALITE
CREDIT CARD
EXPIRES END OF
4 67

Canada, Royalite Oil Company charge card, 1967

Founded in 1921, following Imperial Oil's reorganization of Calgary Petroleum Products, Royalite was a major presence in western Canada until it was taken over by British American Oil in 1962. By 1969, Royalite was completely absorbed and operated under the name Gulf Oil Canada Ltd. (2004.56.2)

Canada, carte de crédit de la Royalite Oil Company, 1967

Fondée en 1921, dans la foulée de la restructuration de Calgary Petroleum Products par la société Imperial Oil, Royalite occupe une place prépondérante dans l'Ouest canadien jusqu'à ce que la British American Oil en prenne le contrôle en 1962. En 1969, elle est entièrement absorbée par son acquéreur et sera désormais exploitée sous le nom de Gulf Oil Canada Ltée. (2004.56.2)

The first travel and entertainment charge card was introduced in the United States in 1950 by the Diners Club.[3] Initially targeted at travelling salesmen, the cards could be used to purchase goods and services on credit at participating restaurants and stores. In the late 1950s, American Express and Carte Blanche entered the business, along with a number of banks that introduced the concept of customers repaying funds owed on a revolving basis, with interest charged on unpaid balances.

Diners Club, la première carte réservée au paiement des frais de déplacement et de représentation, voit le jour aux États-Unis en 1950[3]. Conçue à l'origine pour les voyageurs de commerce, elle permet de se procurer à crédit des biens et des services dans les restaurants et magasins participants. C'est avec le lancement, à la fin de la même décennie, des cartes American Express, Carte Blanche et de certaines autres, émises par des banques, que surgit l'idée du crédit renouvelable par étalement du remboursement, avec intérêts exigibles sur les soldes impayés.

United States, American Express credit card, 1967

American Express has been a leading innovator. It was the first company to use the magnetic stripes developed by IBM and the first to introduce status cards (1972) and rewards programs (1982). (2006.19.1)

États-Unis, carte de crédit American Express, 1967

American Express est synonyme d'innovation : elle est en effet la première à utiliser la piste magnétique mise au point par IBM et à offrir des cartes de prestige (en 1972) et un programme de primes (en 1982). (2006.19.1)

United States, Diners Club credit card, 1960

Introduced in 1950, the Diners Club card was an instant success. In its first year of operation, Diners Club had 35,000 members, and its card was accepted in 285 establishments in Manhattan. (2006.110.1)

États-Unis, carte de crédit Diners Club, 1960

La carte Diners Club est lancée en 1950 et connaît un succès immédiat. La première année, elle compte 35 000 titulaires et est acceptée par 285 établissements de Manhattan. (2006.110.1)

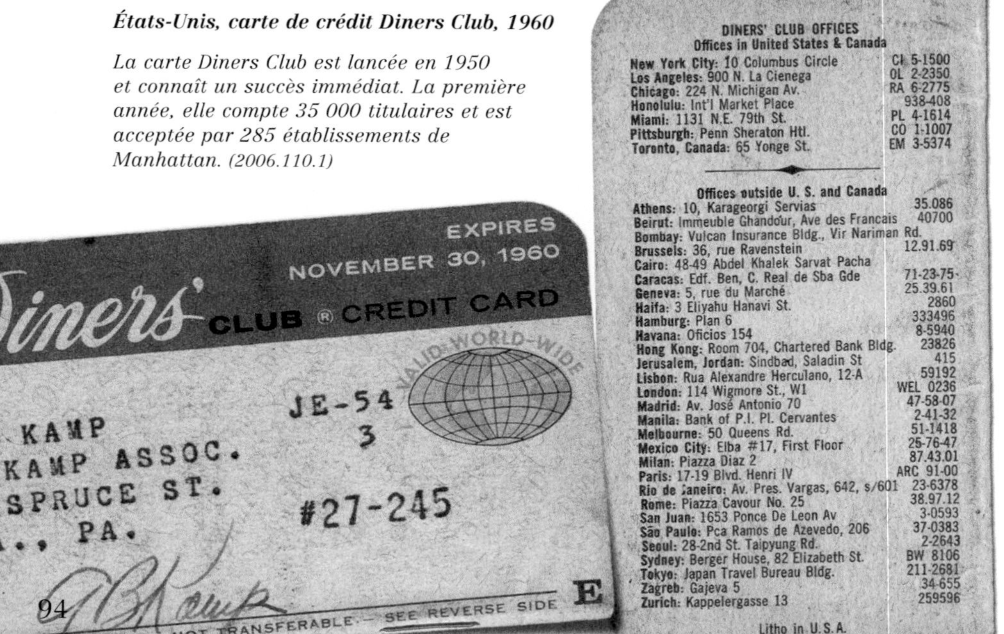

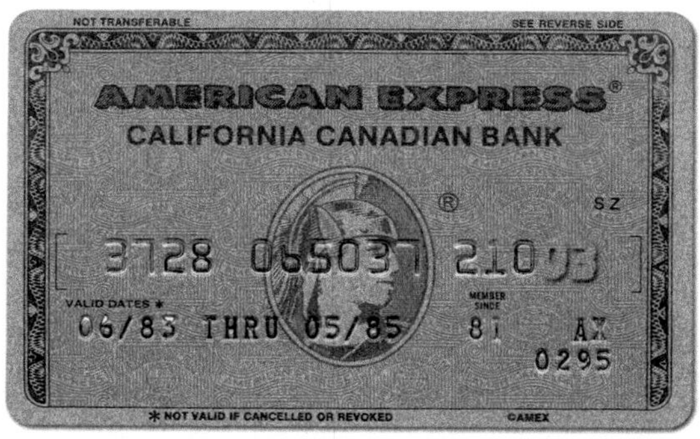

United States, California Canadian Bank, American Express credit card, 1983

This is one of the few AMEX cards issued by a third party. In 1929, the Canadian Bank of Commerce established the Canadian Bank of Commerce (California). In 1966, the name changed to the California Canadian Bank. The bank was sold to Barclays Bank in 1985. (2005.122.1)

États-Unis, carte de crédit American Express de la California Canadian Bank, 1983

Il s'agit ici de l'une des rares cartes AMEX émises par une tierce partie. En 1929, la Banque Canadienne de Commerce fonde la « Canadian Bank of Commerce (California) ». Cette dernière change de nom en 1966 et devient la California Canadian Bank. Elle sera vendue à la Barclays Bank en 1985. (2005.122.1)

United States, BankAmericard credit card, 1962

During the 1950s, banks across the United States entered the credit card business with limited success. With the launch of BankAmericard in 1958, the company expanded its network by licensing its brand to banks around the world. In 1970, BankAmericard was sold to issuing banks, forming National BankAmericard Inc. (2005.112.1)

États-Unis, carte de crédit BankAmericard, 1962

Pendant les années 1950, les banques d'un bout à l'autre des États-Unis commencent à émettre des cartes de crédit, mais ne connaissent qu'un succès limité. En 1958, la Bank of America lance la carte BankAmericard; elle élargira son réseau en accordant une licence d'exploitation à des banques dans le monde entier. En 1970, elle vend la marque aux institutions émettrices de cartes, qui forment alors la National BankAmericard Inc. (2005.112.1)

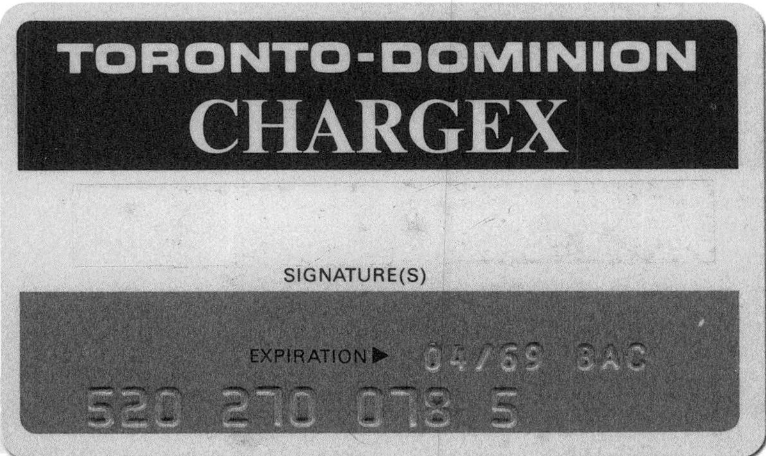

Canada, Toronto-Dominion Bank Chargex credit card, 1969

In 1968, a team of Canadian banks founded Chargex under license from BankAmericard. To gain worldwide acceptance, Chargex subsequently joined the International Bankcard Company (Ibanco), formed in 1974 to administer BankAmericard International. (2007.1.1)

Canada, carte de crédit Chargex de la Banque Toronto-Dominion, 1969

En 1968, un groupe de banques canadiennes crée la carte Chargex sous licence de BankAmericard. Pour s'imposer sur la scène internationale, Chargex s'associe par la suite à l'International Bankcard Company (Ibanco), fondée en 1974 pour administrer BankAmericard International. (2007.1.1)

Hampered by a lack of a national and international network, it was not until 1966 that the credit card industry started to expand rapidly, following the decision by the Bank of America to license its BankAmericard to other banks. The card was introduced in Canada in 1968 by a number of chartered banks under the name Chargex. "Will that be cash or Chargex?" became a well-known advertising jingle. In 1977, the card began to be marketed under the internationally known Visa brand. MasterCard was also launched in 1966 by a group of California-based banks in competition with the Bank of America. It was subsequently introduced to Canada under the name "Master Charge, the Interbank Card."

Freinée par l'absence d'un réseau national et international, l'industrie de la carte de crédit ne prend réellement son essor qu'en 1966, par suite de la décision de la Bank of America d'accorder des licences d'exploitation de sa BankAmericard à d'autres institutions financières. Baptisée Chargex, la carte est introduite au Canada en 1968 à l'initiative d'un groupe de banques commerciales. Partout, on entend « Comptant ou Chargex? », slogan retenu pour la campagne publicitaire. À partir de 1977, la carte est commercialisée sous le nom de VISA, connu à l'échelle du globe. Également en 1966, un consortium de banques californiennes décide de faire concurrence à la Bank of America avec la carte MasterCard, qui sera offerte quelques années plus tard au Canada sous l'appellation Master Charge, « la carte maîtresse ».

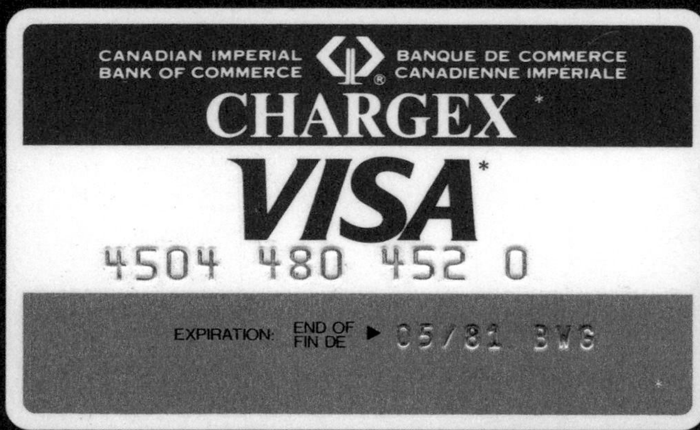

Canada, CIBC Chargex/VISA credit card, 1981

In 1977, a year after Ibanco had changed its name to VISA International, VISA (a word common to many languages) replaced the Chargex brand, but the Chargex name continued to appear on credit cards until 1981. (2005.121.8)

Canada, carte de crédit Chargex/VISA de la Banque CIBC, 1981

VISA (un mot commun à de nombreuses langues) remplace Chargex en 1977, un an après qu'Ibanco eut adopté l'appellation VISA International. Le nom Chargex continuera cependant de figurer sur les cartes de crédit jusqu'en 1981. (2005.121.8)

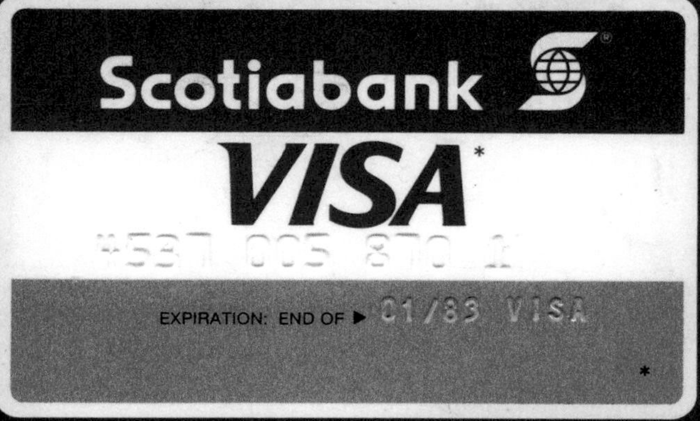

Canada, Scotiabank VISA credit card, 1983

In 1989, banks in the Canadian Bank Card Association established Visa Canada as a separate entity to manage the credit card business. (2005.83.10)

Canada, carte de crédit VISA de la Banque Scotia, 1983

En 1989, les banques de la Canadian Bank Card Association créent VISA Canada comme entité distincte pour administrer le secteur des cartes de crédit. (2005.83.10)

Canada, Royal Bank VISA credit card, 2004

According to statistics from the Canadian Bankers Association, there were 61.1 million Visa and MasterCard credit cards in circulation in Canada in 2006, compared with 24.3 million in 1991 and 8.2 million in 1977. In 2000, VISA Canada's share of the Canadian bank card market was 72 per cent. (2004.31.1)

Canada, carte de crédit VISA de la Banque Royale, 2004

D'après les statistiques de l'Association des banquiers canadiens, on comptait 61,1 millions de cartes VISA et MasterCard en circulation au Canada en 2006, comparativement à 24,3 millions en 1991 et à 8,2 millions en 1977. En 2000, VISA Canada détenait 72 % du marché canadien des cartes bancaires. (2004.31.1)

Canada, Bank of Montreal Master Charge credit card, 1978

In 1969, a consortium of American banks formed the Interbank Card Association and purchased the rights to "Master Charge" from the Western States Bank Card Association. In 1973, the Bank of Montreal became the first major financial institution in Canada to issue Master Charge cards. (2005.83.19)

Canada, carte de crédit Master Charge de la Banque de Montréal, 1978

En 1969, un consortium de banques américaines forme l'Interbank Card Association et achète à la Western States Bank Card Association les droits associés à la carte Master Charge. En 1973, la Banque de Montréal devient la première grande institution financière du Canada à émettre des cartes Master Charge. (2005.83.19)

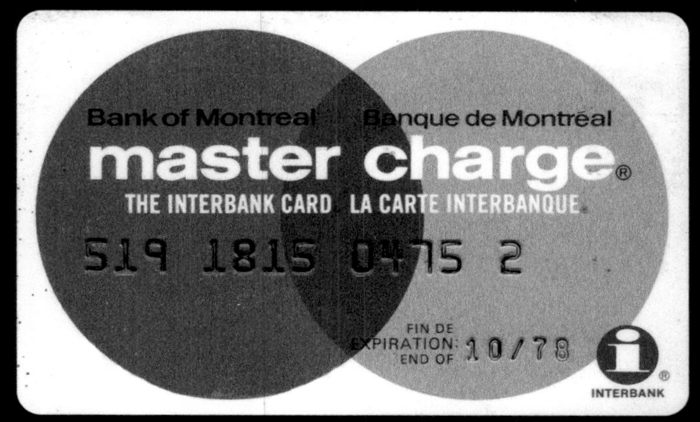

Canada, Bank of Montreal MasterCard credit card, 1984

In 1979, Master Charge changed its name to MasterCard. (2005.83.20)

Canada, carte de crédit MasterCard de la Banque de Montréal, 1984

En 1979, Master Charge prend le nom de MasterCard. (2005.83.20)

Canada, Canadian Tire MasterCard credit card, 2003

Other financial institutions and Canadian retail stores, such as Canadian Tire and Sears, have entered the financial services sector by establishing banking services under the MasterCard brand. (2003.63.3)

Canada, carte de crédit MasterCard de Canadian Tire, 2003

Des institutions financières autres que les banques et des magasins de détail canadiens, par exemple Canadian Tire ou Sears, prennent pied dans le secteur financier en offrant des services bancaires sous la marque MasterCard. (2003.63.3)

Canada, CIBC "Convenience" card, 1995

In 1969, CIBC introduced a 24-hour cash dispenser activated with a key, a plastic card, and a personal identification (PIN) number. Customers could not withdraw more than $30 daily from the machine. (2004.70.4)

Canada, Carte Pratique de la Banque CIBC, 1995

En 1969, la Banque CIBC inaugure un distributeur de billets accessible 24 heures sur 24, qui est activé par une clé, une carte de plastique et un numéro d'identification personnel (NIP). Les clients ne peuvent retirer plus de 30 dollars par jour. (2004.70.4)

Client cards, which allowed holders to electronically access funds in chequing and savings accounts, were introduced in the 1970s. In 1984, a group of chartered banks formed the Interac Association to develop a national system that would allow cardholders to access funds from members' automated teller machines. Starting in 1990, Interac Direct Payment, which permitted cardholders to electronically pay for goods and services at retail outlets, was rolled out across Canada. Such debit cards quickly became a popular means of payment, mainly at the expense of cheques, the closest paper equivalent. Canadians are among the most active users of debit cards.

Les cartes bancaires, qui permettent à leurs détenteurs d'accéder par voie électronique à leurs comptes de chèques et d'épargne, font leur apparition dans les années 1970. La collaboration de quelques-unes des grandes banques donne lieu, en 1984, à la fondation de l'Association Interac, dont le mandat est de mettre sur pied un système national grâce auquel les titulaires de carte pourront effectuer des retraits aux guichets automatiques de ses membres. Le service de paiement direct Interac débute en 1990 dans tout le pays : les consommateurs peuvent dorénavant régler leurs achats en glissant une carte dans un terminal installé chez le détaillant. Ces cartes de débit s'imposent rapidement comme moyen de paiement, au détriment surtout des chèques, leur plus proche équivalent sur support papier. Les Canadiens figurent parmi les plus grands utilisateurs de ce type de carte.

Canada, Royal Bank Gold client card, 2003

In 1972, the Royal Bank of Canada introduced cash-dispensing machines called "bankettes." By 1979, there were 18 bankettes and 51,000 cardholders in the Toronto area. National rollout of Personal Touch Banking—as the service became known—began in 1980. (2004.31.3)

Canada, carte-client Or de la Banque Royale, 2003

En 1972, la Banque Royale du Canada introduit des distributeurs de billets appelés « Bankettes ». En 1979, elle compte 18 Bankettes et 51 000 détenteurs de cartes dans la région de Toronto. À partir de 1980, elle déploie à l'échelle nationale les appareils « Libre-service Royal » – nouveau nom de ses guichets automatiques. (2004.31.3)

Canada, TD Bank "Access" card, 1990–95

In 1976, TD Bank intoduced the "Green Machine." Its network now contains more than 2,600 machines. (2004.15.2)

Canada, carte Accès de la Banque TD, 1990-1995

En 1976, la Banque TD lance le service « Machine Verte ». Son réseau compte aujourd'hui plus de 2 600 guichets automatiques. (2004.15.2)

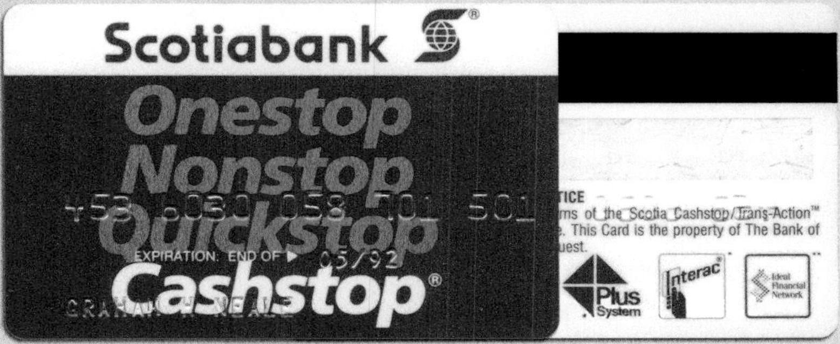

Canada, Bank of Montreal "Instabank" card, 2003 (2003.68.1)
Canada, Scotiabank "Cashstop" card, 1992 (2005.83.9)

Debit cards sporting either the Plus (VISA) or Cirrus (MasterCard) logo enable cardholders to obtain cash in local currency from over 2 million automated teller machines (ATMs) in 210 countries. The Interac logo on most Canadian debit cards indicates that the card can be used for direct payment through the Canadian electronic funds transfer point-of-sale (EFTPOS) system.

Canada, carte Instabanque de la Banque de Montréal, 2003 (2003.68.1)
Canada, carte de guichet de la Banque Scotia, 1992 (2005.83.9)

Les cartes de débit qui portent le logo Plus (VISA) ou Cirrus (MasterCard) permettent au détenteur de s'approvisionner en monnaie locale à plus de 2 millions de guichets automatiques dans 210 pays. Le logo Interac qui figure sur la plupart des cartes de débit canadiennes indique que la carte peut être utilisée pour régler directement des achats par l'intermédiaire du système canadien de transfert électronique de fonds aux points de vente (TEF/PV).

Canada, HSBC debit card, 2003

Payment cards have allowed major international banks, such as HSBC, to increase their presence in all parts of the globe. (2006.100.2)

Canada, carte de débit de la Banque HSBC, 2003

Les cartes de paiement ont permis aux grandes banques internationales, comme la HSBC, d'accroître leur présence dans toutes les régions du globe. (2006.100.2)

Canada, National Bank of Canada Business client card, 2004

Transactions and account settlements using a debit card are conducted in real time with funds withdrawn directly from the user's bank account. The user authorizes transactions by means of a PIN. (2005.111.1)

Canada, Carte-Client entreprise de la Banque nationale du Canada, 2004

Les transactions et les règlements effectués à l'aide d'une carte de débit se font en temps réel directement sur le compte bancaire du client. L'utilisateur autorise le virement au moyen d'un NIP. (2005.111.1)

Canada, Canada Trust temporary access card, 2000

Through frequent use, magnetic stripes become so worn that they fail. Temporary cards are issued at the bank while the replacement card is sent in the mail. (2005.83.42)

Canada, carte d'accès temporaire de Canada Trust, 2000

Il arrive qu'un usage répété use la piste magnétique d'une carte et la rende inopérante. Le titulaire doit alors obtenir une carte temporaire à la banque en attendant de recevoir sa nouvelle carte. (2005.83.42)

Stored-value cards come in two varieties. Single-purpose cards, such as gift cards, parking, and telephone cards, can be used to purchase goods and services only at the issuing retailer, while multi-purpose cards, sometimes called an "electronic purse," can be used at a variety of different retailers.[4] While single-purpose cards have found broad public acceptance, multi-purpose cards have so far been less successful in Canada.

Il existe deux catégories de cartes prépayées : les cartes de commerçant – comme les cartes-cadeaux, les cartes de stationnement et les cartes d'appel, qui sont acceptées uniquement par l'entreprise émettrice – et les cartes à usages multiples, aussi appelées porte-monnaie électronique, qui offrent la possibilité de régler des achats auprès de différents détaillants[4]. Toutefois, les consommateurs canadiens ne semblent pas encore éprouver le même engouement pour ces dernières que pour les premières.

(From top to bottom)
Canada, Future Shop gift card with magnetic stripe, 2003 *(2004.117.31)*
Canada, Bell Canada $1 card with microchip, 2005 *(2005.83.64)*
Canada, Bell Mobility $10 pre-paid card with PIN, 2005 *(2005.12.2)*
Canada, Hudson's Bay Company gift card with bar code, 2004 *(2004.117.42.1)*

Stored-value cards use a variety of media to access information, ranging from bar codes read by a low-powered laser, to the magnetic stripe, in common use since the 1960s, to microchips that are more durable and secure. Some prepaid cards hold no information and require the cardholder to enter a PIN by telephone to access.

De haut en bas :
Canada, carte-cadeau avec piste magnétique de Future Shop, 2003 *(2004.117.31)*
Canada, carte à puce de 1 dollar de Bell Canada, 2005 *(2005.83.64)*
Canada, carte prépayée de 10 dollars avec NIP de Bell Mobilité, 2005 *(2005.12.2)*
Canada, carte-cadeau munie d'un code à barres de la Compagnie de la Baie d'Hudson, 2004 *(2004.117.42.1)*

Les cartes prépayées utilisent divers moyens pour activer les données : codes à barres, qui peuvent être lus à l'aide d'un rayon laser de faible intensité; pistes magnétiques, employées couramment depuis les années 1960; ou encore micropuces, plus durables et plus sûres. Certaines cartes prépayées ne renferment aucune information et le titulaire doit entrer un NIP par téléphone pour s'en servir.

High Security Multi-application
Operating System - Test Card

50466001000036

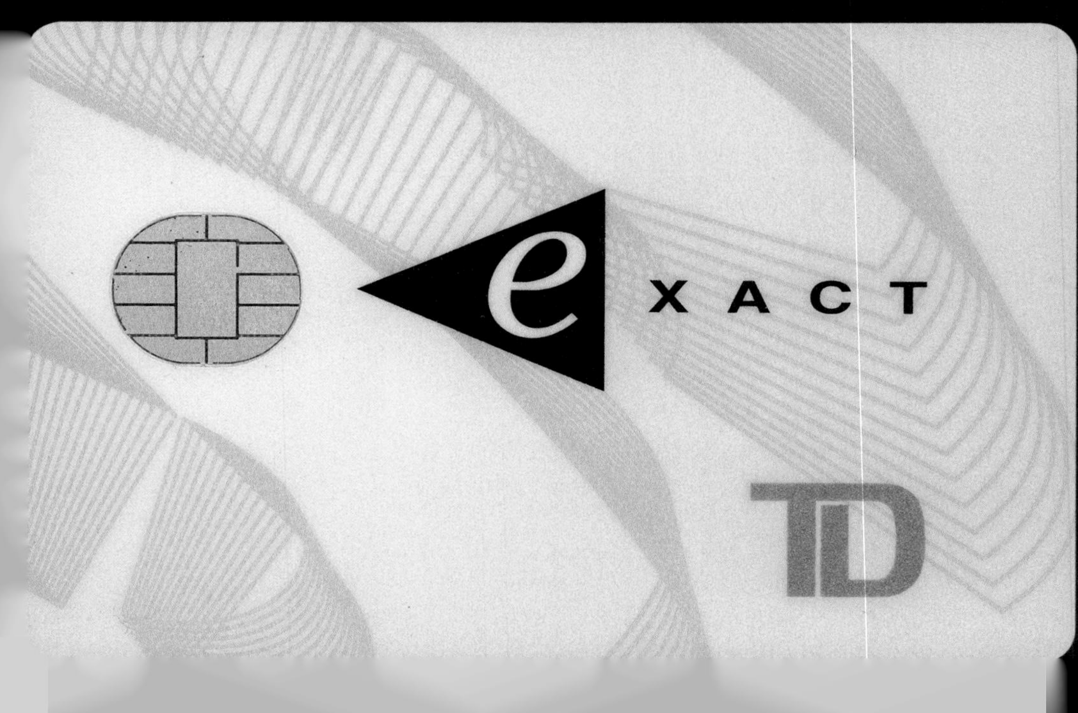

Mondex International Limited Test Card

Any Mondex value supplied on this card is for test only.

Canada, Caisses Desjardins Mondex test card,

In 1997, a team of banks, including the Mouveme Caisses Desjardins, launched pilot projects in Gu Ontario and Sherbrooke, Quebec to test the Mond a stored-value card designed to replace cash. Bo projects failed owing to lack of public support. (2

Canada, carte d'essai Mondex des Caisses Desjardins, 1997

En 1997, un groupe de banques, dont le Mouvem des Caisses Desjardins, mène plusieurs projets-p Guelph (Ontario) et à Sherbrooke (Québec) afin d à l'essai la carte Mondex, une carte prépayée co pour remplacer le comptant. Or, l'idée ne parvien à s'imposer parmi la population et les deux proje soldent par un échec. (2003.22.1)

Canada, TD Bank Exact smart card, 1997

Bank of Montreal, TD Bank, and Canada Trust s their own smart-card venture, called Exact, to be in Kingston, Ontario. The project was cancelled, the banks joined the Mondex pilot projects. (2003.

Canada, carte à puce eXACT de la Banque TD,

La Banque de Montréal, la Banque TD et Canada créent leur propre carte à puce, baptisée eXACT. essais sont prévus à Kingston (Ontario), mais le p est annulé, et les banques participent alors aux p pilotes Mondex. (2003.17.1)

Canada, Caisses Desjardins, VISA Cash $5 card, 1997 *(2007.2.1)*
and Scotiabank, VISA chip viewer with VISA Cash $20 card, 1997 *(2006.96.2/2006.84.2)*

VISA followed the trend of cashless payments systems with the introduction of VISA Cash. The chip was loaded with a specific amount and could be used for purchases until the funds were exhausted. The cards could not be reloaded. Cardholders used an electronic reader that indicated the amount of money left on the card.

Canada, carte VISA Cash de 5 dollars des Caisses Desjardins, 1997 *(2007.2.1)*, ***et lecteur de micropuce VISA avec carte VISA Cash de 20 dollars de la Banque Scotia, 1997*** *(2006.96.2/2006.84.2)*

C'est afin de suivre la tendance des systèmes de paiement sans numéraire que VISA a décidé de lancer la carte VISA Cash. La micropuce était chargée d'un montant donné et servait à régler des achats jusqu'à ce que les fonds soient épuisés. La carte ne pouvait être rechargée. Un lecteur électronique permettait au détenteur de vérifier le solde de la carte.

Financial innovation continues. Although credit cards account for the bulk of Internet purchases, new payments networks, such as PayPal, which permit users to transfer funds electronically without divulging bank account or credit card information to the vendor, are growing in acceptance. Although currently used infrequently in Canada, mobile payments, using a cellphone, are also increasing in popularity in many countries.

L'innovation financière se poursuit. Si la plupart des achats en ligne sont encore acquittés par carte de crédit, de nouveaux modes de paiement, tels que PayPal, un service de virement électronique où le vendeur n'a pas accès aux numéros de compte bancaire ou de carte de crédit de l'acheteur, se répandent de plus en plus, tout comme le paiement par téléphonie mobile, lequel, quoique encore assez rare au Canada, gagne en popularité dans de nombreux pays.

LUDOVICUS. MAGNUS. REX. CHRISTIANISS.

AU ROY
Reſtaurateur des Monnoies

TRAITÉ
HISTORIQUE
DES
MONNOIES
DE FRANCE
depuis le commencement de la Monarchie jusques a present.
Par M.r le BLANC.

TRAITÉ HISTORIQUE DES MONNOYE[S] DE FRANCE,

Avec leurs figures, depuis le commencement de l[a] Monarchie juſqu'à preſent.

Augmenté d'une Diſſertation Hiſtorique ſur quelques [...]
de Charlemagne, de Loüis le Debonnaire, de [...]
& de leurs Succeſſeurs, frapées dans Rome[.]

Par M. LE BLANC.

Sur l'Imprimé à Paris,

A AMSTERDAM,

Chez Pierre Mortier, l[...]
ſur le Vygendam à la Ville de Paris.

M. DC. XCII.

THE HOBBY OF KINGS

7

LE PASSE-TEMPS DES ROIS

Although Roman emperors reputedly collected coins, modern collecting traces its origins to the great Renaissance poet and author Petrarch, in the 14th century. Subsequently, European royalty and popes, fascinated by all things classical, became avid collectors of coins; hence the nickname,"hobby of kings." During the 17th and 18th centuries, coin collecting became more disciplined and methodical, giving birth to numismatics—the study of coins and medals. Numismatics gained popular appeal in the 19th century, with numismatic societies established throughout Europe and North America, including Canada, where the Numismatic Society of Montreal was launched in 1862. Illustrated catalogues and price lists also became widely available. Today, numismatics, a hobby pursued by millions, is usually viewed as encompassing the history of money and the study of all its forms, including paper currency and tokens.

Même si l'histoire veut que les empereurs romains aient collectionné les pièces de monnaie, les origines de cette pratique remontent en fait à Pétrarque, grand poète et écrivain de la Renaissance, au XIVe siècle. Par la suite, les monarques d'Europe et les papes, passionnés par tout ce qui touche le classicisme, deviennent d'avides collectionneurs – d'où le nom, d'ailleurs, de « passe-temps des rois ». Au XVIIe et au XVIIIe siècle, l'activité prend un tour plus formel et se dote progressivement de règles et de méthodes, donnant ainsi naissance à la numismatique, soit l'étude des pièces et des médailles. Cette discipline gagne en popularité au cours du siècle suivant, et des sociétés de numismatique font leur apparition aux quatre coins de l'Europe ainsi qu'en Amérique du Nord, notamment au Canada, où la Société d'archéologie et de numismatique de Montréal voit le jour en 1862. Des catalogues illustrés et des listes de prix sont désormais diffusés à grande échelle. Aujourd'hui, ce loisir auquel s'adonnent des millions de personnes est généralement considéré comme englobant l'histoire et l'étude de la monnaie sous toutes ses formes, y compris le papier-monnaie et les jetons.

(Opposite) Frontispiece and title page,* Traité historique des monnoyes de France, *1692

Writers of early numismatic texts often dedicated their work to monarchs and nobles, essentially people of means who could afford to collect money and had adequate leisure time to appreciate its historic and artistic merit.

(Above) Ribbon, American Numismatic Association (ANA) Convention, Montréal, 1923

Many Canadian collectors were members of the ANA, which prompted the association to hold its annual convention in Montréal in 1908 and again in 1923. (1971.42.4)

Ci-contre : Frontispice et page de titre,* Traité historique des monnoyes de France, *1692

Les auteurs des premiers textes de numismatique dédiaient souvent leurs ouvrages aux monarques ou aux membres de la noblesse, essentiellement des gens ayant les moyens de collectionner les monnaies et le loisir d'apprécier le mérite historique et artistique de chaque pièce.

Ci-dessus : Ruban, Convention de l'American Numismatic Association (ANA), Montréal, 1923

Vu le grand nombre de collectionneurs canadiens membres de l'American Numismatic Association, celle-ci choisit de tenir son assemblée annuelle à Montréal une première fois en 1908, et à nouveau en 1923. (1971.42.4)

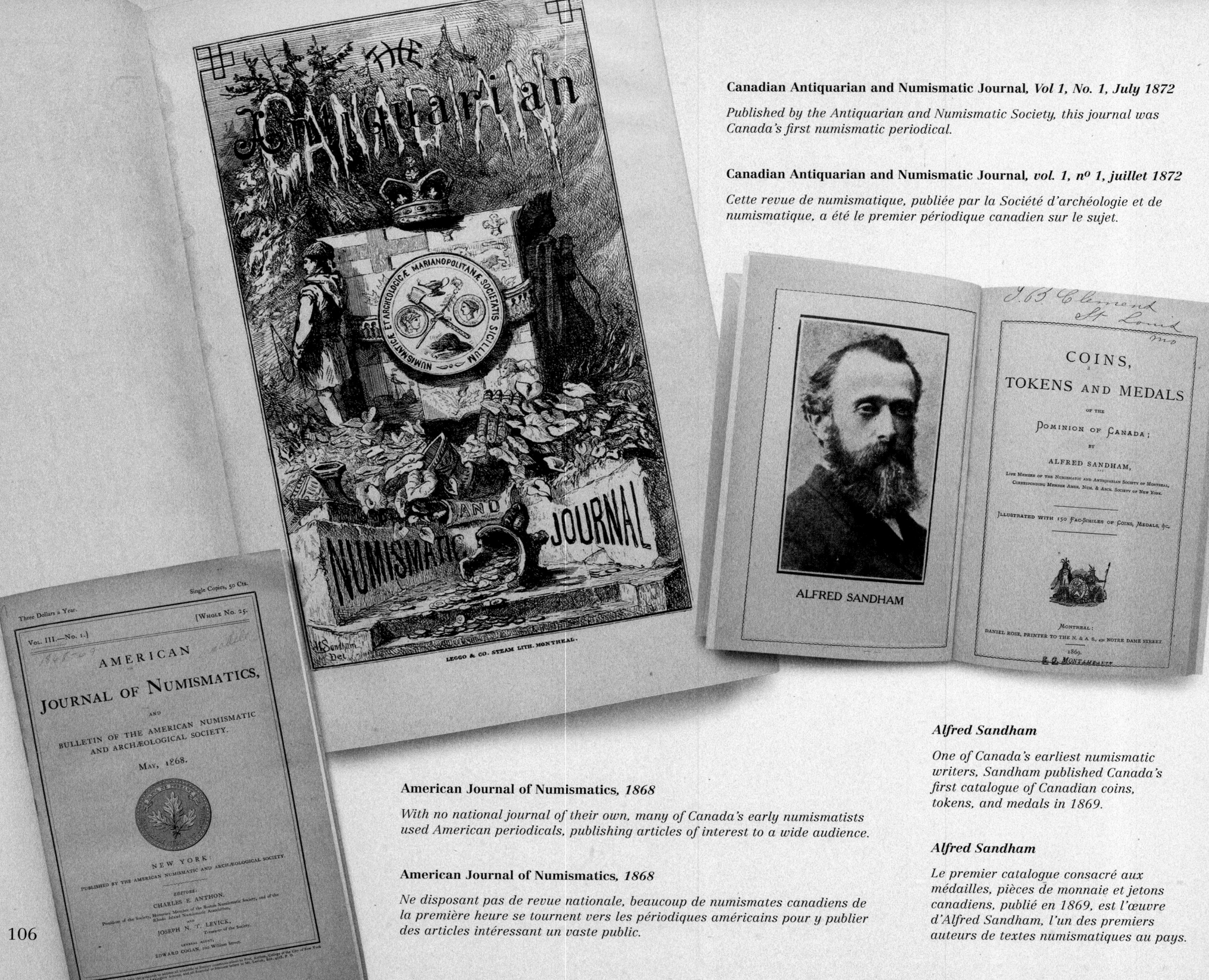

Canadian Antiquarian and Numismatic Journal, ***Vol 1, No. 1, July 1872***

Published by the Antiquarian and Numismatic Society, this journal was Canada's first numismatic periodical.

Canadian Antiquarian and Numismatic Journal, ***vol. 1, nº 1, juillet 1872***

Cette revue de numismatique, publiée par la Société d'archéologie et de numismatique, a été le premier périodique canadien sur le sujet.

Alfred Sandham

One of Canada's earliest numismatic writers, Sandham published Canada's first catalogue of Canadian coins, tokens, and medals in 1869.

Alfred Sandham

Le premier catalogue consacré aux médailles, pièces de monnaie et jetons canadiens, publié en 1869, est l'œuvre d'Alfred Sandham, l'un des premiers auteurs de textes numismatiques au pays.

American Journal of Numismatics, ***1868***

With no national journal of their own, many of Canada's early numismatists used American periodicals, publishing articles of interest to a wide audience.

American Journal of Numismatics, ***1868***

Ne disposant pas de revue nationale, beaucoup de numismates canadiens de la première heure se tournent vers les périodiques américains pour y publier des articles intéressant un vaste public.

Nineteenth-Century Catalogues

Le Médaillier du Canada *by Dr. J. LeRoux, published in 1888, was the first bilingual coin catalogue produced in Canada. It profiles hundreds of Canadian coins and tokens, but its real value lies in its list of early Canadian medals and communion tokens.*

From 1891 to 1893, Ottawa collector and dealer, F. X. Pâquet published two catalogues in serial form. They dealt primarily with Canadian merchant tokens and medals.

Published in 1894, Breton's Illustrated Canadian Coin Collector *quickly became the standard reference for Canadian coins and tokens. Collectors today still categorize tokens using Breton's numbering system.*

Catalogues du XIXe siècle

Le médaillier du Canada, *rédigé par le Dr J. LeRoux et publié en 1888, est le premier catalogue bilingue du genre à paraître au Canada. Des centaines de pièces de monnaie et de jetons canadiens y sont recensés, mais son intérêt tient surtout à la nomenclature des médailles et des jetons de communion anciens qu'il renferme.*

De 1891 à 1893, F. X. Pâquet, collectionneur et marchand de pièces numismatiques d'Ottawa, fait paraître, sous forme de fascicules, deux catalogues où sont répertoriés principalement des médailles et des jetons de marchand canadiens.

Paru en 1894, Le collectionneur illustré *de Breton devient rapidement l'ouvrage de référence en matière de pièces et de jetons canadiens. Le système de classification avec codes numériques élaboré par l'auteur est encore utilisé de nos jours.*

Check your change

Old and commemorative coins frequently turn up in circulation across the country.

Avez-vous un trésor dans vos poches?

De nombreuses pièces anciennes et commémoratives circulent toujours au pays.

Collecting currency has considerable appeal. Not only are coins, tokens, and bank notes works of art, but they also provide a window into history and society, with each item having its own story. It is a pastime that is accessible to everyone: you do not need to be wealthy to enjoy the hobby of kings. Most people start by collecting money from their own countries, beginning with the coins and bank notes in their pocket or purse.

La numismatique exerce un attrait considérable : non seulement les pièces, les jetons et les billets de banque sont des œuvres d'art, mais ils ouvrent en outre une fenêtre sur le passé et la vie des sociétés, où chaque objet a sa propre histoire. Ce loisir est à la portée de tous et il n'est pas nécessaire d'être riche pour s'y livrer. En général, les gens commencent par collectionner la monnaie de leur pays, et d'abord les pièces ou les billets qui se trouvent dans leurs poches ou leur sac à main.

You might want to consider selecting a theme for your collection. You could, for example, start with coins or bank notes of a particular denomination, or money from a specific time period. Alternatively, you could collect oddly shaped coins from around the world or coins depicting a particular subject. The choice is virtually limitless, but the key is to specialize.

Vous pourriez décider d'orienter votre collection selon un thème, par exemple une valeur faciale ou une période en particulier, ou encore vous limiter aux pièces de forme inhabituelle provenant du monde entier ou à celles qui illustrent un sujet précis. Les possibilités sont pratiquement illimitées : le secret est de se spécialiser.

Bimetallic coins

Introduced in Italy in 1982, and now produced by many countries including Canada, bimetallic coins have become a popular collectable.

Pièces bimétalliques

Introduites en Italie en 1982, les pièces bimétalliques ont depuis été reprises par bien d'autres pays, dont le Canada, et font le bonheur des collectionneurs.

Bus tickets

Used by millions of Canadians every day, bus tickets are one of the most colourful monetary substitutes.

Billets d'autobus

Utilisés chaque jour par des millions de Canadiens, les billets d'autobus comptent parmi les moyens de paiement les plus colorés.

Dairy tokens and ticket

From the 1890s through the 1970s, many Canadian dairies sold their customers tokens and tickets that could be exchanged for different quantities and types of milk and cream. They are now highly sought after by collectors.

Jetons et billet de laiterie

À partir des années 1890, des laiteries de partout au pays vendent des jetons et des billets échangeables contre différents types de lait ou de crème offerts en formats variés. Cette pratique ayant cessé à la fin des années 1970, ces objets sont aujourd'hui très prisés des collectionneurs.

Banking memorabilia

Those interested in Canadian banking history can create collections from a wide array of old documents, including cheques, drafts, money orders, reply cards, etc.

Souvenirs de collectionneurs

Pour ceux qui s'intéressent à l'histoire des banques au Canada, il existe une foule de documents anciens, notamment des chèques, des traites, des mandats ou encore des cartes-réponse, où ils peuvent puiser pour réunir leur collection.

Canadian Tire money

Since 1958, the Canadian Tire Corporation, one of Canada's largest retail hardware chains, has issued coupons redeemable at their stores. Although not legal tender, this scrip is a popular collectable, often referred to as "Canada's second currency." Enthusiasts have written catalogues and formed associations.

« Argent » Canadian Tire

Depuis 1958, Canadian Tire, l'une des plus importantes chaînes de quincaillerie au pays, émet des coupons échangeables dans ses magasins. Même sans cours légal, ces populaires billets, que certains s'amusent à qualifier de « deuxième monnaie du Canada », ont la cote auprès des collectionneurs. Des passionnés ont même dressé des catalogues des différentes émissions et fondé des clubs.

Savings banks: (left) Northern Bank, 1905–08, Victoria *(1985.32.2)*, ***(right) Traders Bank, 1908*** *(1969.57.1)*

At the turn of the 20th century, many Canadian financial institutions encouraged their customers to save by distributing metal banks. The bank often retained the key, almost guaranteeing that the money, once retrieved, would be put on deposit.

Tirelires : (à gauche) coffre de la Northern Bank, 1905-1908, Victoria *(1985.32.2)*, ***et (à droite) reproduction de l'édifice de la Traders Bank, 1908*** *(1969.57.1)*

Au tournant du XXe siècle, de nombreuses institutions financières canadiennes offraient à leurs clients des tirelires métalliques pour les encourager à épargner. Souvent, la banque conservait la clé de sorte qu'elle était pratiquement sûre que l'argent, une fois récupéré, serait déposé dans ses coffres.

Savings banks come in various forms and materials, ranging from the traditional "piggy bank" to promotional items and souvenirs.

Les tirelires – qu'il s'agisse du petit cochon traditionnel, d'un article promotionnel ou d'un souvenir – se caractérisent par la diversité tant de leurs formes que de leurs matériaux.

Joining a numismatic club and drawing on the experience of other members is one way to seek guidance. Reputable coin dealers are another source of advice, as are the many useful numismatic magazines and newsletters. Coin shows, flea markets, and the Internet are other important resources.

Pour le collectionneur en herbe, faire partie d'un club est un bon moyen de profiter de l'expérience d'autrui et d'obtenir de l'aide. Vous pouvez aussi vous adresser à des détaillants de bonne réputation, qui sauront vous conseiller, et consulter les nombreux bulletins et revues de numismatique. Les salons de la monnaie, les marchés aux puces et Internet sont d'autres filons à exploiter.

Early membership cards

Interest in the hobby has flourished, prompting the creation of many national, provincial, and local coin clubs.

Cartes de membre des premiers clubs numismatiques

L'intérêt pour la numismatique a explosé, donnant lieu à la création de nombreux clubs de collectionneurs de monnaies à l'échelle locale, provinciale et nationale.

When assembling your collection, you should take note of a few key points. First, a good numismatic reference book is essential. It will provide you with important information regarding dates of issue, varieties, and prices. Having some basic knowledge about the historical context of pieces and their market value will save you time and money.

Voici quelques indications pour vous guider au moment de constituer votre collection : premièrement, procurez-vous un ouvrage de référence numismatique qui fait autorité. Vous y trouverez une information importante sur les dates d'émission, les variétés et les prix. Des connaissances rudimentaires sur le contexte historique des pièces et sur leur valeur marchande vous épargneront temps et argent.

CNA Correspondence Course II, 2006

The Canadian Numismatic Association launched a correspondence course in 1995. A second, more detailed version, featuring articles in many fields relating to Canadian numismatics, followed in 2006.

Cours par correspondance de l'Association canadienne de numismatique, deuxième partie, 2006

En 1995, l'Association canadienne de numismatique a lancé un cours par correspondance. Une deuxième version, plus détaillée et comportant des articles sur de nombreux sujets relatifs à la monnaie canadienne, a suivi en 2006.

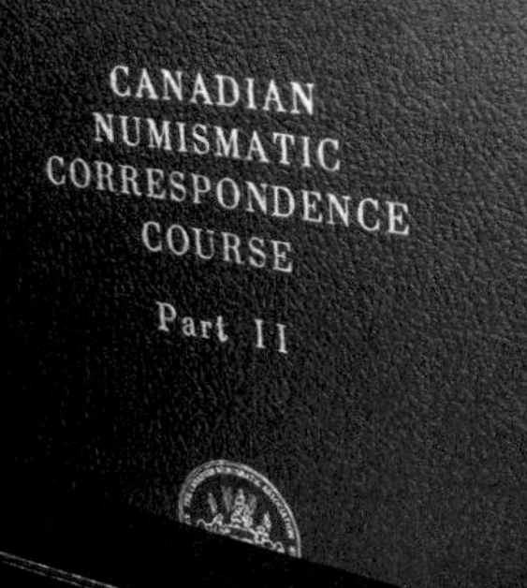

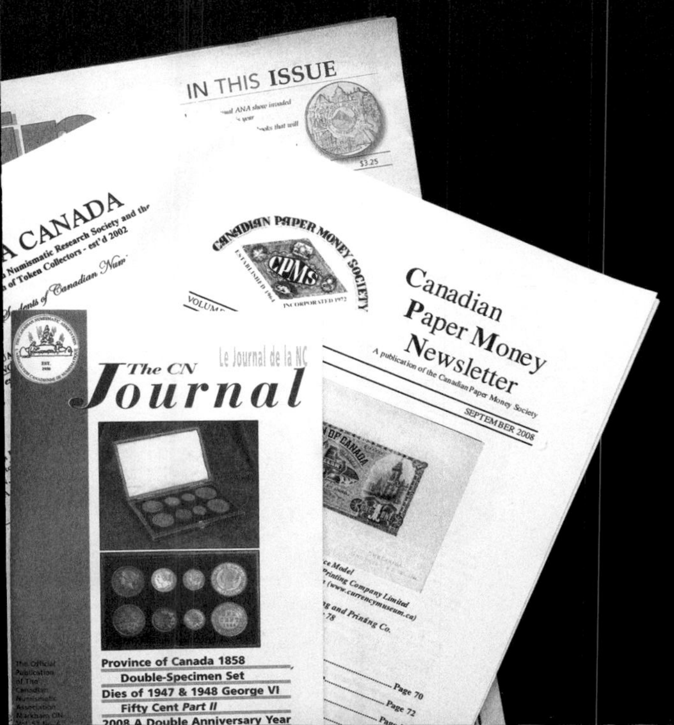

Current Canadian numismatic journals and newsletters

Several Canadian numismatic organizations publish journals and papers on topics of interest to collectors.

Revues et bulletins canadiens de numismatique contemporains

Plusieurs organismes canadiens de numismatique publient des revues et des articles traitant de sujets qui intéressent les collectionneurs.

Canadian Numismatic Bibliography, 2008

More than 10 years in the making, this monumental work details all aspects of Canadian numismatics.

Bibliographie de la numismatique au Canada, 2008

Cet ouvrage monumental, dont la préparation a exigé plus d'une décennie, examine en détail tous les aspects de la « science des monnaies » au pays.

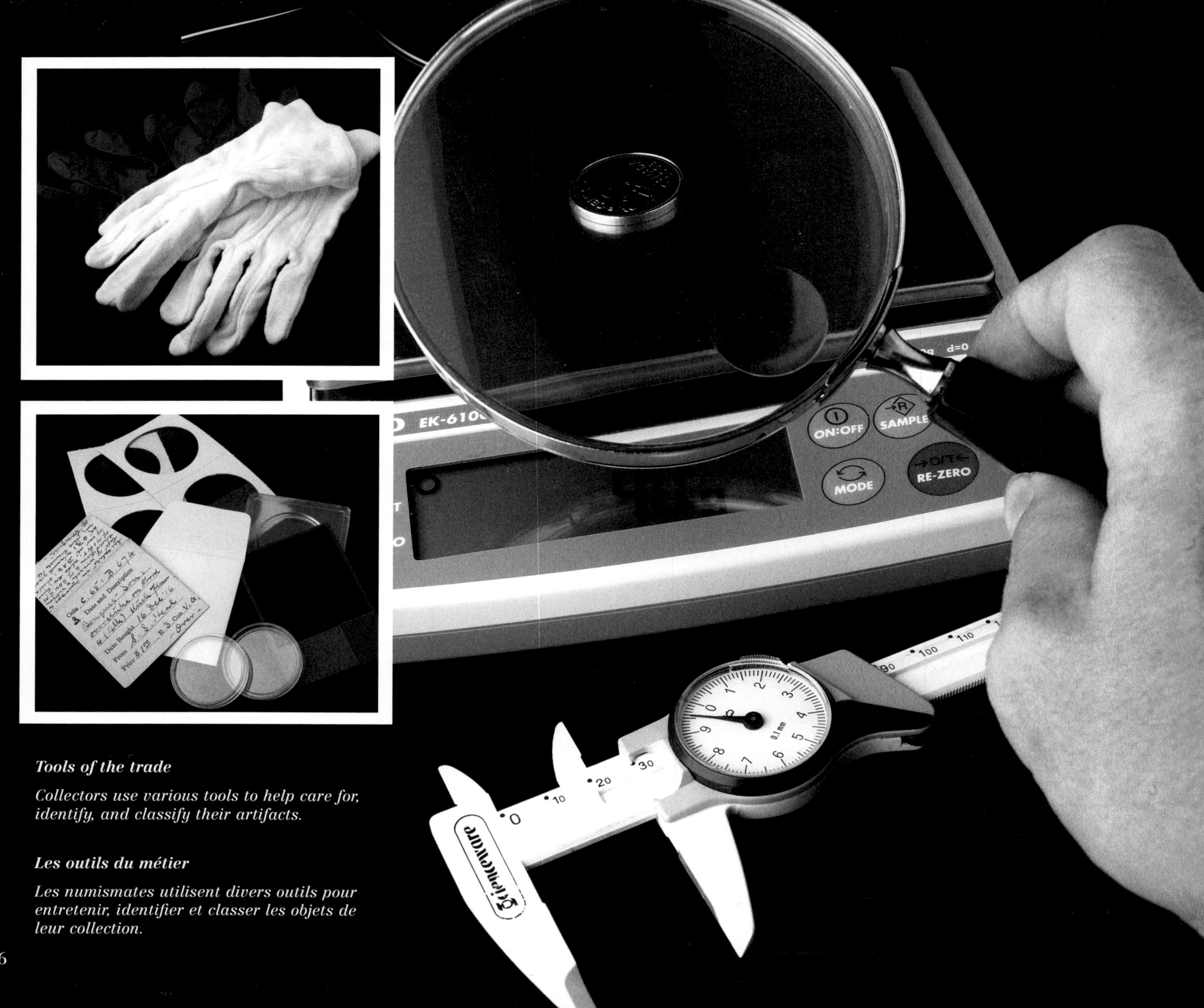

Tools of the trade

Collectors use various tools to help care for, identify, and classify their artifacts.

Les outils du métier

Les numismates utilisent divers outils pour entretenir, identifier et classer les objets de leur collection.

Second, never clean your coins or bank notes yourself, since you risk damaging them and reducing their value. Consult a professional conservator or numismatic museum. Third, you should handle your pieces as little as possible, since your fingers contain acids that can damage the surface. If you must touch them, use cotton gloves, and always handle coins and bank notes by their edges. To reduce the chance of damage from handling, store coins and bank notes in clear plastic holders (PVC free).

Canada, Newfoundland, 1 cent, 1943, damaged

Proper storage and handling of artifacts is essential. Failure to follow basic guidelines can cause irreversible damage, such as fingerprints (right). While chemical damage is often unsightly, reducing a coin's value, "toning" (left) is sometimes attractive and enhances the piece's worth. (1978.58.213)

Deuxièmement, ne nettoyez jamais vos pièces et vos billets de banque vous-même – vous risqueriez de les endommager et d'en diminuer la valeur. Consultez plutôt un restaurateur professionnel ou un musée de la numismatique. Troisièmement, manipulez vos pièces et billets le moins possible, car les acides présents sur vos doigts peuvent en altérer la surface. Si vous devez les toucher, portez des gants de coton et tenez-les toujours par la tranche. Pour minimiser le risque de dommages, conservez vos spécimens dans des étuis de plastique transparents (sans PVC).

Canada, Terre-Neuve, pièce de 1 cent endommagée, 1943

Il est essentiel d'entreposer et de manipuler les objets d'une collection selon les règles de l'art, au risque sinon de causer des dommages irréversibles, comme des traces de doigts (à droite). Si les altérations chimiques sont souvent inesthétiques et diminuent la valeur d'une pièce, la patine du temps (à gauche) a l'effet inverse. (1978.58.213)

Notes before and after conservation (left) Bank of Montreal, 1831 *(1965.136.6744)* ***and (right) Molsons Bank, 1871*** *(1977.186.72)*

Professional conservators in museums try to limit the factors that cause artifacts to deteriorate. Damaged pieces are stabilized and repaired, using techniques that are as reversible as possible. To avoid the impression that a piece is in its original state, they use methods that are also somewhat visible.

Avant et après restauration : (à gauche) billet de la Banque de Montréal, 1831 *(1965.136.6744)*, ***et (à droite) billet de la Molsons Bank, 1871*** *(1977.186.72)*

Les restaurateurs professionnels, dans les musées, s'efforcent de limiter l'exposition des objets des collections à ce qui pourrait en causer la détérioration. Ils utilisent des techniques aussi réversibles que possible pour stabiliser et restaurer les pièces abîmées. Cependant, pour ne pas donner l'impression que l'objet est dans son état original, ils font appel à des méthodes dont l'utilisation est en partie visible.

Canada, 50 cents, 1916: Condition good (left) *(1962.6.127)* ***and uncirculated (right)*** *(1974.151.194)*

The constant handling of coins and notes causes wear and reduces their retail value. Eye appeal commands a premium unless artificially created by cleaning. Which piece would you choose?

Canada, 50 cents, 1916 : pièce en bon état (à gauche) *(1962.6.127)* ***et pièce jamais mise en circulation (à droite)*** *(1974.151.194)*

Parce qu'ils sont constamment manipulés, les billets et les pièces s'usent et leur valeur marchande diminue. Une pièce de collection a plus de valeur si elle est attrayante, à moins que son apparence ne soit due à un nettoyage. Laquelle de ces deux pièces choisiriez-vous?

Fourth, quality counts. Buy the highest-quality piece that you can afford, unless you are more interested in the history of the piece than in its investment value.

Finally, while collecting can be a profitable long-term venture, you should do it primarily for the fun of collecting and the knowledge gained. For more helpful tips about collecting, consult the Currency Museum's website at www.currencymuseum.ca.

Quatrièmement, la qualité a de l'importance. Achetez des pièces de la meilleure qualité possible compte tenu de vos moyens, à moins que l'histoire de l'objet ne vous intéresse davantage que sa valeur comme placement.

Enfin, même si la numismatique peut s'avérer un loisir lucratif à long terme, vous devriez vous y consacrer surtout pour le plaisir et les connaissances que vous en retirerez. Le site Web du Musée de la monnaie, à l'adresse www.museedelamonnaie.ca, contient d'autres conseils utiles sur le sujet.

ENDNOTES AND CREDITS

FOREWORD

Credit

Page 5 Background image courtesy of The VRoma Project. www.vroma.org.

CHAPTER 1

Notes

1. G. Davies, *A History of Money from Ancient Times to the Present Day* (Cardiff: University of Wales Press, 1994).

Credits

Page 15 Georges Delfosse, *The Bank's First Building*, 1912. Reproduced with permission of The Bank of Montreal.

CHAPTER 2

Notes

1. For more information on the architecture of the Bank of Canada, see *More than Money: Architecture and Art at the Bank of Canada* (Ottawa: Bank of Canada, 2007).

Credits

Page 20 Photograph by Milne Studios Ltd. (Bank of Canada photographic collection 152-3).

Page 21 Photograph by Malak (Bank of Canada photographic collection 153-24A).

Page 22 Photograph: J. D. Ferguson, Blackstone Studios, Inc., 20 West 57th Street, New York, c. 1940.

Page 24 Photograph: Gerald E. Hart, P. N. Breton, *Illustrated History of Coins and Tokens Relating to Canada*, Montréal, 1894, Library and Archives Canada (C 14796).

Page 25 Photograph: Parliamentary Library, Library and Archives Canada (PA 034226).

Page 27 Photograph: Château de Ramezay, Library and Archives Canada (PA 056579).

NOTES ET SOURCES

AVANT-PROPOS

Source

Page 5 Image d'arrière-plan fournie gracieusement par The VRoma Project, www.vroma.org.

CHAPITRE 1

Note

1. G. Davies (1994), *A History of Money from Ancient Times to the Present Day*, Cardiff, University of Wales Press.

Source

Page 15 Georges Delfosse, *Le premier édifice de la Banque*, 1912. Reproduction autorisée par la Banque de Montréal.

CHAPITRE 2

Note

1. Pour en savoir plus sur l'architecture de la Banque, voir Banque du Canada (2007), *Au-delà de l'argent : l'architecture et les œuvres d'art de la Banque du Canada*, Ottawa.

Sources

Page 20 Photo : Milne Studios Ltd. (collection de photos de la Banque du Canada 152-3).

Page 21 Photo : Malak (collection de photos de la Banque du Canada 153-24A).

Page 22 Photo de J. D. Ferguson : Blackstone Studios, Inc., 20 West 57th Street, New York, vers 1940.

Page 24 Photo de Gerald E. Hart : P. N. Breton (1894), *Histoire illustrée des monnaies et jetons du Canada*, Montréal, Bibliothèque et Archives Canada (C 14796).

Page 25 Photo de la Bibliothèque du Parlement : Bibliothèque et Archives Canada (PA 034226).

Page 27 Photo du Château de Ramezay : Bibliothèque et Archives Canada (PA 056579).

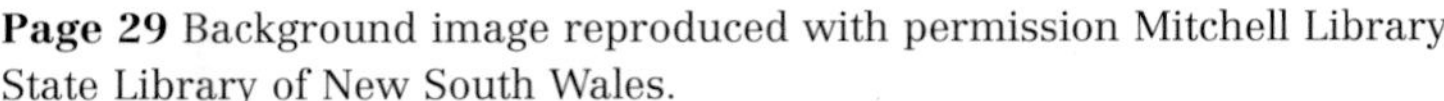

Page 29 Background image reproduced with permission Mitchell Library, State Library of New South Wales.

CHAPTER 3

Notes

1. For a comprehensive review of money used in Canada, see James Powell, *A History of the Canadian Dollar* (Ottawa: Bank of Canada, 2005).

CHAPTER 5

Notes

1. C. F. Schwan and J. E. Boling, *World War II Remembered, history in your hands—a numismatic study* (Port Clinton, Ohio: BNR Press, 1995).
2. R. A. Radford, "The Economic Organisation of a POW Camp," *Econometrica*, 12 (1945). See also, P. S. Senn, "Cigarettes as Currency," *The Journal of Finance*, 6, no. 3 (September 1951): 329–32.

CHAPTER 6

Notes

1. Bank of Canada data. See also V. Taylor, "Trends in Retail Payments and Insights from Public Survey Results," *Bank of Canada Review* (Spring 2006): 25–36.
2. S. Sienkiewicz, "Credit Cards and Payment Efficiency" (Discussion Paper No. 01-02, Federal Reserve Bank of Philadelphia, August 2001).
3. L. Mandell, *The Credit Card Industry: A History* (Boston: Twayne Publishers, 1990).
4. Federal Reserve Bank of New York, "Stored Value Cards: An Alternative for the Unbanked?" July 2004 www.ny.frb.org/regional/stored_value_cards.html. See also G. Stuber, "The Electronic Purse, An Overview of Recent Developments and Policy Issues" (Technical Report No. 74, Bank of Canada, January 1996).

Page 29 Image d'arrière-plan reproduite avec la permission de la Bibliothèque Mitchell, Bibliothèque d'État de la Nouvelle-Galles du Sud.

CHAPITRE 3

Note

1. Pour un examen approfondi de la monnaie utilisée au Canada, voir James Powell (2005), *Le dollar canadien : une perspective historique*, Ottawa, Banque du Canada.

CHAPITRE 5

Notes

1. C. F. Schwan et J. E. Boling (1995), *World War II Remembered: History in Your Hands, a Numismatic Study*, Port Clinton (Ohio), BNR Press.

2. R. A. Radford (1945), « The Economic Organisation of a P.O.W. Camp », *Econometrica*, vol. 12, n° 48. Voir aussi P. S. Senn (1951), « Cigarettes as Currency », *The Journal of Finance*, vol. 6, n° 3, p. 329-332.

CHAPITRE 6

Notes

1. Données de la Banque du Canada. Voir aussi V. Taylor (2006), « Tendances en matière de paiement de détail et résultats d'un sondage mené auprès du public », *Revue de la Banque du Canada*, Ottawa, Banque du Canada, printemps, p. 27-40.
2. S. Sienkiewicz (2001), *Credit Cards and Payment Efficiency*, document d'analyse n° 01-02, Banque fédérale de réserve de Philadelphie, août.
3. L. Mandell (1990), The Credit Card Industry: A History, Boston, Twayne Publishers.
4. Banque fédérale de réserve de New York (2004), *Stored Value Cards: An Alternative for the Unbanked?*, juillet, Internet : www.ny.frb.org/regional/stored_value_cards.html. Voir aussi G. Stuber (1996), *The Electronic Purse, An Overview of Recent Developments and Policy Issues*, rapport technique n° 74, Ottawa, Banque du Canada, janvier.

ACKNOWLEDGEMENTS

This volume would not have been possible without the talents and contributions of a number of staff in the Communications Department at the Bank of Canada. In particular, this book is the result of the dedicated efforts of a project team made up of Kimberley Allen-McGill, assistant director, publishing; James Powell, research and writing; Jill Moxley and Lea-Anne Solomonian, managing editors; Jason Parliament, production manager; and Pierre-Yves de la Garde, Françoise Guyot, Nicole Gendron, and Marie-Joëlle Auclair, translation.

This has been a "labour of love" for the staff of the National Currency Collection. The extensive subject matter expertise of Paul Berry, Chief Curator, National Currency Collection, Currency Museum, and David Bergeron, Curator, as well as the contributions of their colleagues, photographers Gord Carter and Daniel Benoit, are evident on each and every page.

REMERCIEMENTS

Le présent ouvrage n'aurait jamais vu le jour sans le talent et la contribution de nombreux employés du département des Communications de la Banque du Canada. En particulier, ce livre est le fruit des efforts soutenus d'une équipe formée de Kimberley Allen-McGill, directrice adjointe, Service de l'édition; James Powell, responsable de la recherche et de la rédaction; Jill Moxley et Lea-Anne Solomonian, rédactrices en chef; Jason Parliament, responsable de la production; de même que Pierre-Yves de la Garde, Françoise Guyot, Nicole Gendron et Marie-Joëlle Auclair, du Service de traduction.

En outre, chacune des pages témoigne de la passion du personnel chargé de la Collection nationale de monnaies, et notamment de la vaste expertise de Paul Berry, conservateur en chef du Musée de la monnaie, et de David Bergeron, conservateur, ainsi que de la virtuosité artistique de leurs collègues, les photographes Gord Carter et Daniel Benoit.

(Opposite) Canada, 1 cent, 1896 counterstamped in 1897

On 26 January 1897, a train bound for St. John from Halifax left the rails between Sackville and Moncton, New Brunswick. This wreck was spectacular because the train's cargo of shiny new one-cent pieces—about 40 per cent of the 1896 issue, or 5 ½ tons of bronze—was scattered about the scene in piles up to three feet deep. Some of the new coins "disappeared" and were later privately counterstamped "Palmers Pond Wreck 26.1.97" to acknowledge the event. (1966.160.354)

Ci-contre : Canada, pièce de 1 cent de 1896 contremarquée en 1897

Le 26 janvier 1897, un train reliant St. John à Halifax déraille entre Sackville et Moncton, au Nouveau-Brunswick. L'accident est d'autant plus spectaculaire que la scintillante cargaison de cinq tonnes et demie de pièces neuves de 1 cent en bronze, soit quelque 40 % de la série émise en 1896, se répand sur les voies, atteignant par endroits près d'un mètre de hauteur. Un certain nombre de ces pièces neuves « disparaissent », et seront plus tard contremarquées de l'inscription « Palmers Pond Wreck 26.1.97 » (Accident de Palmers Pond 26.1.97) pour commémorer l'événement. (1966.160.354)

PALMERS POND WRECK
ONE
CENT
1896
26.1.97

Canada, love tokens, an assortment, late 19th to early 20th centuries

The exchange of love tokens was a popular expression of affection for couples prior to World War I. Fashioned from coins of all denominations, they served as permanent reminders of an attachment and, at times, were made into attractive pieces of jewellery.

Canada, assortiment de jetons d'amour, fin du XIXe siècle – début du XXe siècle

Avant la Première Guerre mondiale, les couples avaient coutume d'échanger des jetons d'amour en gage de leur affection. Réalisés à partir de pièces de monnaie de toutes les valeurs faciales, ces jetons constituaient un témoignage d'attachement éternel, et certains étaient parfois transformés en bijoux de belle facture.